Coleção Dramaturgia

MATÉI VISNIEC

CB065862

Biblioteca teatral

Impresso no Brasil, outubro de 2012

Título original: *Paparazzi suivi de La Femme Comme Champ de Bataille*
Copyright © Actes Sud, 1997

Os direitos desta edição pertencem a
É Realizações Editora, Livraria e Distribuidora Ltda.
Caixa Postal: 45321 · 04010 970 · São Paulo SP
Telefax: (5511) 5572 5363
e@erealizacoes.com.br · www.erealizacoes.com.br

Editor
Edson Manoel de Oliveira Filho

Gerente editorial
Gabriela Trevisan

Preparação de texto
Marcio Honorio de Godoy

Revisão
Danielle Mendes Sales e Cristiane Maruyama

Capa e projeto gráfico
Mauricio Nisi Gonçalves / Estúdio É

Pré-impressão e impressão
Gráfica Vida & Consciência

Reservados todos os direitos desta obra. Proibida toda e qualquer reprodução desta edição por qualquer meio ou forma, seja ela eletrônica ou mecânica, fotocópia, gravação ou qualquer outro meio de reprodução, sem permissão expressa do editor.

PAPARAZZI

ou A Crônica de um Amanhecer Abortado

seguida de

A Mulher

como Campo

de Batalha

ou Do Sexo da Mulher como Campo de Batalha na Guerra da Bósnia

MATÉI Visniec

TRADUÇÃO: LUIZA JATOBÁ

Realizações Editora

PAPARAZZI

ou

A Crônica de um
Amanhecer Abortado

PAPARAZZI ou *A Crônica de um Amanhecer Abortado*, de Matéi Visniec, foi criada em 30 de setembro de 1997 na Maison des Comoni, Les Quatre Saisons du Revest pela Companhia Pli Urgent.

Direção: **CHRISTIAN AUGER**

Música original: **BERNARD LLORET**

Figurino: **ANGÉLINA HERRERO**

Iluminação: **JEAN-LOUIS DARNAULT**

Produção geral: **JEAN-PIERRE NAUDET**

Ilustração: **MICHAËL MAGDELAINE**

Cartaz: **MANU PINAUD**

Fotografia: **PHILIPPE SCHULLER/EDITOR**

Assistente de produção: **BRIGITTE MOLTO**

com

PERRINE GRISELIN

PASCAL CARRÉ

NICOLAS PESSEMIER

ELSA PEROCCHETTI

CHRISTIAN AUGER

Produção: Pli Urgent Companhia Teatral

Coprodução: Les Quatre Saisons du Revest

Théâtre de la Presle em Romans, Agend'arts em Lyon, com o apoio da Fundação Beaumarchais

AS PERSONAGENS

PAPARAZZO 1

A VOZ DO CHEFE

O HOMEM COM A CAIXA DE VIOLONCELO

O HOMEM COM A CAIXA DE SAXOFONE

A PATROA

A VOZ DO CEGO

O MENDIGO COM *WALKMAN*

O HOMEM COM A CAIXA DA FLAUTA

A MULHER QUE QUER PARTIR DE TREM

O HOMEM QUE QUER PARTIR DE TREM

O CAIXA

PAPARAZZO 2

O ESTRANGEIRO

A MULHER DESCALÇA

O CEGO QUE ZAPEIA

O HOMEM FECHADO DENTRO DE UM SACO

O HOMEM PARA QUEM O NASCIMENTO FOI UMA QUEDA

A VELHA SENHORA COM UMA BÚSSOLA

O FUNCIONÁRIO PÚBLICO MUNICIPAL

A MÁQUINA DE BEBIDAS

Número mínimo de atores: três (dois homens e uma mulher).

Uma sala que ocupa o andar. Três ou quatro janelas. Em cada janela, Paparazzo 1 instalou uma máquina fotográfica. Munidas de grandes teleobjetivas, estão montadas sobre tripés e apontam para baixo, para o outro lado da rua. Paparazzo 1 passa de uma máquina a outra e espia pelas lentes. Está num estado de visível excitação e sua barba de três dias denuncia sua exaustão.
Seu celular toca. Paparazzo 1 atende.
São oito horas da noite.

PAPARAZZO 1: Sim...

A VOZ DO CHEFE: Sou eu.

PAPARAZZO 1: Olá, chefe.

A VOZ DO CHEFE: Tudo bem?

PAPARAZZO 1: Estou morto de cansaço.

A VOZ DO CHEFE: Estou perguntando se está tudo bem.

PAPARAZZO 1: Tudo bem, chefe.

A VOZ DO CHEFE: Ela ainda está lá?

PAPARAZZO 1: Sim, chefe, ela dormiu o dia inteiro.

A VOZ DO CHEFE: Visitas?

PAPARAZZO 1: Só entregadores trazendo presentes e flores pelo correio. Teve muitas e muitas entregas. É uma loucura o que ela gastou, chefe! Ela é uma louca, chefe...

A VOZ DO CHEFE: E agora?

PAPARAZZO 1: Agora, ela está com seu massagista. É um gorila chinês que, chutando por baixo, deve pesar uns cento e cinquenta quilos. Mas, antes, ela fez um pouco de ginástica no jardim com outro gorila que deve ser um dos seus gorilas e, de quebra, *personal*. Ele fez ela nadar alguns metros na piscina, um pouco de caminhada e de aeróbica. Ficou cronometrando o tempo todo.

A VOZ DO CHEFE: E você a fotografou?

PAPARAZZO 1: Sim.

A VOZ DO CHEFE: Na piscina, como ela estava?

PAPARAZZO 1: Ela estava de maiô, chefe.

A VOZ DO CHEFE: Eles abriram as venezianas?

PAPARAZZO 1: Não, então não dá pra ver muita coisa, não. Mas acho que logo logo eles vão abrir, antes que os gigolôs e as gostosas cheguem.

A VOZ DO CHEFE: Então, olho vivo, todo o universo das celebridades está chegando aí. Parece que Marlon Brando também vai.

PAPARAZZO 1: Estou pronto. Tenho uma máquina apontando para a piscina, uma outra para o terraço e o jardim e outra para a porta que dá para o jardim e que pode pegar também tudo o que acontece no salão. Mas, de todo jeito, a festa deve acontecer no jardim. Tem cinco ou seis garçons arrumando, já faz duas horas, as mesas e cadeiras no jardim. Pelo número de talheres, ela está esperando, pelo menos, duzentas pessoas, chefe.

A VOZ DO CHEFE: Perfeito.

PAPARAZZO 1: Mas chefe, estou morrendo de fome aqui. E fico doente de ver os talheres e quando penso em toda essa comida que vai rolar lá. Tenho que descer dois minutos para comprar um sanduíche e algumas latas de cerveja. (*Ele olha a cafeteira.*) Olha só, até meu estoque de café está no fim.

A VOZ DO CHEFE: Não saia daí, vou mandar o Daniel com tudo o que você precisa.

PAPARAZZO 1: Obrigado, chefe, mas quando?

A VOZ DO CHEFE: Ele está ali na esquina. Ele vai imediatamente. Imediatamente, assim que eu puder... Se eu puder...

PAPARAZZO 1: Eu preciso comer, chefe. Preciso de comida porque já estou começando a babar como um cachorro louco.

(*Está escuro. Ouve-se o tique-taque de um relógio.*)

(*Ou outra maneira de marcar a passagem do tempo.*)

O homem com a caixa de violoncelo e o homem com a caixa de saxofone na rua deserta. Estão com jeito de perdidos. De vez em quando, ao longe, alguém toca uma flauta. Perto de nove horas da noite. No bar, pode ter um relógio.

O HOMEM COM A CAIXA DE VIOLONCELO: Não compreendo mais nada.

O HOMEM COM A CAIXA DE SAXOFONE: O quê?

O HOMEM COM A CAIXA DE VIOLONCELO: Lá, tinha um cruzamento.

O HOMEM COM A CAIXA DE SAXOFONE: Onde isso?

O HOMEM COM A CAIXA DE VIOLONCELO: Ali, onde está o cachorro.

O HOMEM COM A CAIXA DE SAXOFONE: E então?

O HOMEM COM A CAIXA DE VIOLONCELO: Mas isso não é normal. Lá existiam três ruas que se cruzavam.

O HOMEM COM A CAIXA DE SAXOFONE: Você é louco.

O HOMEM COM A CAIXA DE VIOLONCELO: Não, lá havia um cruzamento e um café na esquina.

O HOMEM COM A CAIXA DE SAXOFONE: Mas o café continua lá.

O HOMEM COM A CAIXA DE VIOLONCELO: Sim, mas ele estava na esquina. E agora não está mais na esquina.

O HOMEM COM A CAIXA DE SAXOFONE: Você se engana de rua.

O HOMEM COM A CAIXA DE VIOLONCELO: Mas claro que não. Conheço essa rua muito bem. Já toquei aqui, na Matilde.

(*Entram no café. No balcão, a dona está longe, com o olhar perdido. Ela fica o tempo todo no seu mundo.*)

O HOMEM COM A CAIXA DE SAXOFONE: Boa noite.

O HOMEM COM A CAIXA DE VIOLONCELO: Boa noite.

A DONA: Não estou aqui.

O HOMEM COM A CAIXA DE SAXOFONE: A senhora é que é a dona?

A DONA (*totalmente ausente*): Oi?

O HOMEM COM A CAIXA DE VIOLONCELO: Tinha um cruzamento aqui, bem ao lado do seu café.

A DONA: Onde?

O HOMEM COM A CAIXA DE VIOLONCELO: Ali, onde está o cachorro. De quem é o cachorro?

A DONA: Quem?

O HOMEM COM A CAIXA DE VIOLONCELO: A senhora não está escutando o que estou dizendo? O cruzamento, o que aconteceu com aquele cruzamento que tinha ali? Não está mais ali?

A DONA: Você quer fogo?

(*Troca de olhares entre os dois homens.*)

O HOMEM COM A CAIXA DE SAXOFONE (*um pouco estressado, para seu amigo*): Deixa para lá, não vale a pena.

O HOMEM COM A CAIXA DE VIOLONCELO: Espera, ela me irrita, essa aí. Escute aqui, minha senhora. Merda, vai me responder ou não?

A DONA: Hein?

O HOMEM COM A CAIXA DE VIOLONCELO: Ele é de quem, aquele cachorro?

A DONA: O quê?

O HOMEM COM A CAIXA DE VIOLONCELO: O cachorro! O cachorro que anda na praça do cruzamento... Quero dizer... O cruzamento, onde está? Tinha um cruzamento ali onde está o cachorro agora.

A DONA: Oi?

O HOMEM COM A CAIXA DE SAXOFONE: Senhora, está vendo o cachorro?

A DONA: Eu não tô nem aí.

O HOMEM COM A CAIXA DE SAXOFONE: Bem, o que é que a gente vai fazer?

O HOMEM COM A CAIXA DE VIOLONCELO: Não entendo mais nada. Está todo mundo pirado! Minha senhora, sabe quem nós somos?

A DONA: Não estamos servindo mais nada hoje.

O HOMEM COM A CAIXA DE VIOLONCELO: Minha senhora, vou confessar uma coisa para a senhora. Somos dois assassinos!

O HOMEM COM A CAIXA DE SAXOFONE (*com um riso idiota*): Perigosos...

A DONA: Não estamos servindo mais nada hoje!

O HOMEM COM A CAIXA DE VIOLONCELO: Minha senhora, escute aqui. Somos dois assassinos perigosos. Sacou? Estamos aqui... (*Tenta chamar a atenção com sua mão.*) Olhe aqui... Um, dois... Somos dois... Eu sou o primeiro...

O HOMEM COM A CAIXA DE SAXOFONE: E eu sou o segundo...

A DONA: E o cachorro?

O HOMEM COM A CAIXA DE VIOLONCELO: O cachorro... Merda, ela não saca nada...

O HOMEM COM A CAIXA DE SAXOFONE: Senhora, meu amigo e eu somos matadores profissionais, está entendendo? Muito perigosos mesmo. Sobretudo meu comparsa. Ele é mais perigoso do que eu. Eu também sou perigoso, mas não tão perigoso quanto esse aí...

O HOMEM COM A CAIXA DE VIOLONCELO: A senhora entendeu agora? E estamos procurando um cara que anda por aí com uma caixa de flauta.

O HOMEM COM A CAIXA DE SAXOFONE: E que também é um matador...

O HOMEM COM A CAIXA DE VIOLONCELO: Quem sabe você não o viu?

O HOMEM COM A CAIXA DE SAXOFONE: Ele fala o tempo todo do seu nascimento... Sacou? Já ouviu falar de alguém que anda pelos cantos falando do jeito como sua mãe o trouxe ao mundo?

O HOMEM COM A CAIXA DE VIOLONCELO: Vamos lá, responda nossas perguntas!

O HOMEM COM A CAIXA DE SAXOFONE: Porque temos de matá-lo, aquele assassino.

O HOMEM COM A CAIXA DE VIOLONCELO: Ele é menos perigoso que nós, mas vamos matá-lo de todo jeito, aquele tipo.

O HOMEM COM A CAIXA DE SAXOFONE: Pois somos dois matadores e vamos matar outro matador.

O HOMEM COM A CAIXA DE VIOLONCELO: Ele já devia estar aqui...

O HOMEM COM A CAIXA DE SAXOFONE: No cruzamento.

O HOMEM COM A CAIXA DE VIOLONCELO: Então escute bem e fale com a gente. Onde é o cruzamento?

A DONA: Vão se foder.

O HOMEM COM A CAIXA DE SAXOFONE: O que fazemos? Atacamos?

(*O telefone toca. A dona atende.*)

A DONA: Alô?

A VOZ: Alô?

A DONA: Sim?

A VOZ: Boa noite.

A DONA: Boa noite.

A VOZ: Obrigado por ter atendido. Sabe, estou chamando...

A DONA: O quê?

A VOZ: Eu dizia que estou telefonando porque... Estou terrivelmente abalado. A senhora sabe, sou cego e estou abalado por causa do sol...

A DONA: Vai se foder!

(*Ela desliga e continua no seu mundo com o olhar perdido.*)

O HOMEM COM A CAIXA DE SAXOFONE: Ulálá, minha senhora, isso não se faz não, minha senhora...

O HOMEM COM A CAIXA DE VIOLONCELO (*para o colega*): Vamos embora... Chega dessa história. Vamos vazar. Só dá louco aqui.

(*Escuro. Escuta-se uma sirene de alarme.*)

(*Ou outra maneira de marcar o tempo que passa.*)

O mendigo com *walkman* ao lado de um poste, próximo a uma máquina de bebidas, sentado na calçada, encostado na parede, o capacete cobrindo as orelhas, escuta seu *walkman* e fala como se houvesse pessoas passando na frente dele. A seus pés, várias moedas, uma tigela virada e uma caixa de papelão com a mensagem: NÃO ME DÊ NADA, É PROIBIDO (o "dê" deve estar escrito errado).
Ao longe, escuta-se vagamente uma música (é um violoncelo, um saxofone e uma flauta) e de tempos em tempos vozes, exclamações, gritos, até explosões de alegria, etc.
Perto de dez horas da noite.

O MENDIGO COM *WALKMAN* (*suas atitudes e seus gestos são ritmados pela música que ele escuta, suas palavras são quase todas cantadas*): Não me dê nada, senhora, é proibido... Não, senhora, por favor, não preciso de nada, de nada... Tudo o que quero é que me deixem em paz... (*Para si mesmo.*) Mas não é possível com essa gente aí... Nunca estamos tranquilos num pedaço de calçada, nuuunca pois minha presença aaaagride... (*Para o transeunte invisível.*) Não, senhor, não me dê nada, é proibido e além do mais eu agriiiiiiido... Por acaso eu te agrido, senhor, será que minha miséria agride vocês?... (*Para si mesmo.*) Idiotas... Claro que eu os aaaagrido, é meu cheiro que os agriiiiide... (*Para* *o transeunte invisível.*) Estou fedendo, senhor? Estou perguntando se estou fedendo... Não? Mentiroso! Vamos lá, saiam daí, vocês estão respirando meu ar, você é um mentiroso, pega aí, vai se foder você e sua moedinha de cinco centavos... Já chega... Chega... (*Para si mesmo.*) Oh, meu Deus, que mundo! Que muuuundo imuuuundo! (*Para os transeuntes invisíveis.*) Eii, é o fim do mundo, sabiam? (*Para si mesmo.*) Eles não sabem de nada... Naaadaaa... (*Para os transeuntes invisíveis.*) Está com muita pressa, senhor. O senhor está com pressa demais e isso me irriiiita... Não suporto as pessoas apressadas na minha calçada... Não, as pessoas apressadas, eu as pertuuuuurbo! Sim... (*Para si mesmo.*) Oh, meu Deus, está acabado, terminado, estão todos loucos! (*Para os transeuntes invisíveis.*) Mas vocês não escutam o rádio, vocês não ouviram falar do sol, da incrível implosããããão do sol?... (*Para si mesmo, mas em ritmo de rap.*)

Não, eles nunca escutam nada.
Eles não escutam.
Eles não escutam.
Eles não escutam.
Eles não falam.
Eles não falam.
Eles não te olham.
Eles não te olham.
Ele não nada...
Olha, como ele fede esse aí! (*Para os transeunte invisível.*) Você pôs perfume demais, Chanel demais... (*Ele retoma seu rap.*)
Muito Coco
Muito Lancôme
Muito Cacharel
Muito Yves Saint-Laurent
Muito Givenchy

Muito Rochas
Muito Christian Dior
Muita merda...

Sim, senhor, demais é demais e isso fede, isso empesteia a cidade, de verdade, parem de ser cobaias, de verdade, pelo menos uma vez, parem de se comportar como zeros à esquerda... Senhor, quer um cigarro? (*Ele acende um cigarro.*) Não, sou eu que estou oferecendo um cigarro... Não fuma? Ah, que pena, o senhor nunca fumou?... Senhor... Aqui, te dou aqui a minha pooontinha... Vai ae, prova ae... Prove ao menos uma veeeez...

(*Escuro. Passos, muitos passos na rua.*)

(*Ou outra maneira de marcar o tempo que passa.*)

O homem com a caixa de flauta, numa rua deserta perto de uma cabine telefônica e de uma fonte pública. Parece que ele foi agredido, pois suas roupas estão rasgadas e a caixa de sua flauta está arrebentada. Ele está se lavando na fonte pública. Ao lado da fonte, no asfalto, a caixa de sua flauta e uma garrafa de champanhe quase cheia.
Ao longe, escuta-se vagamente uma música (são um saxofone e um violoncelo) e, de vez em quando, vozes, gritos, latidos...
O telefone toca na cabine.
O homem com a caixa de flauta permanece imóvel alguns segundos, escuta, tira um lenço, enxuga as mãos e o rosto, em seguida se dirige em direção à cabine telefônica e tira o fone do gancho.
São quase onze horas da noite.

A VOZ: Alô?

O HOMEM COM A CAIXA DE FLAUTA: Sim?

A VOZ: Boa noite.

O HOMEM COM A CAIXA DE FLAUTA: Boa noite.

A VOZ: Obrigado por ter atendido. Você sabe, estou ligando porque perto dessa cabine telefônica sempre tem alguém que atende.

O HOMEM COM A CAIXA DE FLAUTA: O quê?

A VOZ: Eu dizia que estou ligando porque sempre tem alguém que atende por aí. Tudo bem?

O HOMEM COM A CAIXA DE FLAUTA: Você é pirado ou o quê?

A VOZ: Não, na verdade, sou cego.

O HOMEM COM A CAIXA DE FLAUTA: Você é cego...

A VOZ: Sou, infelizmente.

O HOMEM COM A CAIXA DE FLAUTA: Lamento.

A VOZ: Bem, isso não tem importância. É uma longa história. Você tem um tempinho?

O HOMEM COM A CAIXA DE FLAUTA: Você quer me contar a história de sua vida?

A VOZ: Não. Queria pedir outra coisa. Queria pedir um minuto do seu tempo para responder algumas perguntas.

O HOMEM COM A CAIXA DE FLAUTA: Quer tipo de perguntas?

A VOZ: Ah! Nada transcendental. Queria só perguntar se você podia olhar em volta e me dizer o que está vendo.

O HOMEM COM A CAIXA DE FLAUTA: O que eu vejo... Escute aqui, meu senhor. Temo não estar entendendo muito bem essa história. E, além do mais, estou também com um pouco de pressa.

A VOZ: Tudo bem, mas... Só um minutinho... Não estou pedindo muito. Só te peço para ficar um minuto na linha com um cego.

O HOMEM COM A CAIXA DE FLAUTA: O senhor está ligando de onde?

A VOZ: Estou ligando da minha casa. Estou sozinho. Vivo sozinho.

O HOMEM COM A CAIXA DE FLAUTA: Você mora sozinho?

A VOZ: Sim. E é por isso que ligo de vez em quando, ao acaso, só para trocar algumas palavras com alguém.

O HOMEM COM A CAIXA DE FLAUTA: Mas por que não liga para seus amigos, os outros cegos?

A VOZ: Isso não tem graça. O que me dá prazer é quando os que veem me dizem o que eles veem em volta deles. Você está aí, num parque?

O HOMEM COM A CAIXA DE FLAUTA: Estou. Como é que você sabe?

A VOZ: Escuto os patos. Deve ter então algum lago aí por perto.

O HOMEM COM A CAIXA DE FLAUTA: Na verdade, sim. O lago está aqui bem perto.

A VOZ: Você está vendo o lago?

O HOMEM COM A CAIXA DE FLAUTA: Sim.

A VOZ: Ele está mais ou menos a cinquenta metros de você, não é?

O HOMEM COM A CAIXA DE FLAUTA: É.

A VOZ: Tem gente aí?

O HOMEM COM A CAIXA DE FLAUTA: Não.

A VOZ: E os patos, você está vendo?

O HOMEM COM A CAIXA DE FLAUTA: Não.

A VOZ: Nenhum?

O HOMEM COM A CAIXA DE FLAUTA: Nenhum.

A VOZ: Mas o que é que você está vendo então?

O HOMEM COM A CAIXA DE FLAUTA: Na direção do lago?

A VOZ: Sim.

O HOMEM COM A CAIXA DE FLAUTA: Vejo um cachorro.

A VOZ: Um cachorro. Ele está sozinho?

O HOMEM COM A CAIXA DE FLAUTA: Sim. Deve ser um vira-lata errante.

A VOZ: E o que é que ele está fazendo?

O HOMEM COM A CAIXA DE FLAUTA: Nada. Ele está morgando.

A VOZ: Bem, você não tem nenhuma comida com você, imagino.

O HOMEM COM A CAIXA DE FLAUTA: Não. Mas tenho uma garrafa de champanhe.

A VOZ: O quê?

O HOMEM COM A CAIXA DE FLAUTA: Não, nada.

A VOZ: Tem árvores em volta do lago?

O HOMEM COM A CAIXA DE FLAUTA: Sim.

A VOZ: São bonitas essas árvores, não é mesmo?

O HOMEM COM A CAIXA DE FLAUTA: São, sim, meu senhor, mas acho que preciso desligar.

A VOZ: Você está passeando?

O HOMEM COM A CAIXA DE FLAUTA: É isso mesmo. Estou fazendo uma caminhada.

A VOZ: Entendo… Obrigado, de todo jeito, por ter respondido à minha chamada.

O HOMEM COM A CAIXA DE FLAUTA: De nada.

A VOZ: Foi um prazer escutá-lo. Ah, uma última pergunta, por favor. O céu, como ele está nesse momento? Está claro?

O HOMEM COM A CAIXA DE FLAUTA: Sim. Mas as nuvens estão ficando mais densas.

A VOZ: Ah, como deve ser bonito o céu com essas nuvens todas se avolumando…

O HOMEM COM A CAIXA DE FLAUTA: Sim.

A VOZ: E o sol?

O HOMEM COM A CAIXA DE FLAUTA: O sol?

A VOZ: O sol...

O HOMEM COM A CAIXA DE FLAUTA: O sol, o que é que tem o sol?

A VOZ: O sol, você está vendo ele?

O HOMEM COM A CAIXA DE FLAUTA: Escute aqui, meu senhor, vai se foder!

A VOZ: Boa noite, então! Obrigado assim mesmo por ter respondido a minha chamada. E olhe de vez em quando o sol por mim... Obrigada, hein?

O HOMEM COM A CAIXA DE FLAUTA: De nada. Até logo!

A VOZ: Até logo.

O homem com a caixa de flauta desliga. Bebe um gole de champanhe no gargalo, pega a caixa de flauta e se afasta.

O telefone toca outra vez na cabine telefônica. O homem com a caixa de flauta para, hesita e finalmente volta uns passos. Deixa a caixa de flauta e a garrafa no asfalto e atende.

O HOMEM COM A CAIXA DE FLAUTA: Sim?

A VOZ: Sou eu de novo.

O HOMEM COM A CAIXA DE FLAUTA: Eu tava desconfiando...

A VOZ: Queria dizer que tem um apartamento para alugar no prédio onde moro.

O HOMEM COM A CAIXA DE FLAUTA: Não estou entendendo nada.

A VOZ: Não faz mal. Tchau.

(*O homem com a caixa de flauta desliga, espera alguns segundos, bebe um gole de champanhe no gargalo e em seguida se afasta. Larga a garrafa ao lado da fonte pública.*)

(*Água corrente.*)

(*Ou outra maneira de marcar a passagem do tempo.*)

O atendente atrás do guichê aberto na estação. O homem que quer partir de trem e a mulher que quer partir de trem. Sem qualquer bagagem, os dois se vestem de branco, com roupas muito elegantes, como se fosse para uma festa.
Por volta de meia-noite.

O HOMEM QUE QUER PARTIR DE TREM (*para o atendente*): Não entendo.

O ATENDENTE: É que não tem mais trem.

O HOMEM QUE QUER PARTIR DE TREM: Como assim?

O ATENDENTE: É isso.

O HOMEM QUE QUER PARTIR DE TREM (*para a mulher que quer partir de trem*): Ele disse que não tem mais trem.

A MULHER QUE QUER PARTIR DE TREM: Como assim?

O HOMEM QUE QUER PARTIR DE TREM: Assim é.

A MULHER QUE QUER PARTIR DE TREM: Mas não é possível.

O HOMEM QUE QUER PARTIR DE TREM (*para o atendente*): Mas não é possível.

O ATENDENTE: É, sim.

O HOMEM QUE QUER PARTIR DE TREM (*para a mulher que quer partir de trem*): O que a gente fez de errado?

A MULHER QUE QUER PARTIR DE TREM: Mas e as passagens, a gente pode comprar?

O HOMEM QUE QUER PARTIR DE TREM (*para o atendente*): Mas e as passagens, a gente pode comprar?

O ATENDENTE: Sim, se vocês quiserem... Mas não vai servir para nada.

O HOMEM QUE QUER PARTIR DE TREM (*para a mulher que quer partir de trem*): O que é que a gente faz? A gente compra?

A MULHER QUE QUER PARTIR DE TREM: Sim.

O HOMEM QUE QUER PARTIR DE TREM: Então, duas passagens.

O ATENDENTE: Duas?

O HOMEM QUE QUER PARTIR DE TREM: Sim, duas.

O ATENDENTE: Está bem. Mas vou avisando outra vez que não tem mais trem aqui nesta estação.

O HOMEM QUE QUER PARTIR DE TREM: Não faz mal.

O ATENDENTE: E que, na minha opinião, não vai haver trem nunca mais em nenhum lugar.

O HOMEM QUE QUER PARTIR DE TREM: Não faz mal. (*Para a mulher que quer partir de trem.*) Não é mesmo, querida?

A MULHER QUE QUER PARTIR DE TREM: É, isso não tem a mínima importância.

O ATENDENTE: Duas passagens para onde?

O HOMEM QUE QUER PARTIR DE TREM (*para a mulher que quer partir de trem*): A gente vai para onde, querida?

A MULHER QUE QUER PARTIR DE TREM: O mais longe possível.

O HOMEM QUE QUER PARTIR DE TREM (*para o atendente*): Vamos muito longe. O mais longe possível. Me dê as passagens mais caras que tem, assim a gente tem certeza de que nos levarão o mais longe possível.

O ATENDENTE: Não vendo passagens para o exterior. Se vocês querem ir para o exterior, é o guichê ao lado.

A MULHER QUE QUER PARTIR DE TREM: Está fechado.

O HOMEM QUE QUER PARTIR DE TREM: Está fechado.

O ATENDENTE (*ficando muito nervoso*): Eu não sei que passagem leva alguém o mais longe possível. Vocês têm que dizer o nome de uma cidade, um local... Até eu gostaria de ir o mais longe possível. Mas não sei onde se encontra esse lugar, o lugar o mais longe possível. Não tem nenhum lugar mais longe possível nesse país... Não tem mais nada... Nada! Acabou. Acabou! (*Ele fecha o guichê.*) Chega! Sumam daqui!

(*Pausa. O homem que quer partir de trem e a mulher que quer partir de trem esperam alguns segundos.*)

O HOMEM QUE QUER PARTIR DE TREM (*bate baixinho no guichê*): Por favor...

O ATENDENTE: Está fechado.

O HOMEM QUE QUER PARTIR DE TREM: Por favor, meu senhor...

O ATENDENTE: Não vou abrir nunca mais! Acabou! Todos os guichês estão fechados, vocês estão entendendo? Não tem mais trens, não tem mais guichês, não tem mais passagens, não tem mais destinos... Deixem-me em paz.

O HOMEM QUE QUER PARTIR DE TREM (*para a mulher que quer partir de trem*)**:** Mas o que é que a gente faz?

A MULHER QUE QUER PARTIR DE TREM: Acho que me deu vontade de te abandonar, Roger.

O HOMEM QUE QUER PARTIR DE TREM: Sim, é claro.

A MULHER QUE QUER PARTIR DE TREM: Creio que vou partir sozinha... Tchau.

O HOMEM QUE QUER PARTIR DE TREM: Mas... (*Ela sai. Sozinho, para ele mesmo.*) Tchau... (*Ele fica girando.*) Tchau... (*Ele bate de novo no guichê.*) Tchau... (*Ninguém responde.*) De todo jeito, já estava preparado! Seja lá como for, nunca acreditei em nada mesmo!

(*O barulho de uma locomotiva louca que irrompe na cidade. E talvez o barulho infernal do impacto, talvez a locomotiva louca tenha entrado direto na estação deserta.*)

(*O tempo que passa.*)

No bar. A dona com seu olhar perdido, o estrangeiro largado no balcão, o paparazzo 2 falando ao telefone (usa o telefone da dona). O interior está iluminado por um incêndio que foi provocado em algum lugar do bairro.
Perto de meia-noite e meia. No bar pode ter um relógio.

PAPARAZZO 2 (*ao telefone*): E se por acaso descobrirmos que é verdade?

A VOZ DO CHEFE: Você está louco ou o quê?

PAPARAZZO 2: Vi um cachorro que se suicidou na minha frente.

A VOZ DO CHEFE: E então?

O ESTRANGEIRO (*para si mesmo*): *Shit.*

PAPARAZZO 2: Tem uma locomotiva louca que entrou com tudo na estação central.

A VOZ DO CHEFE: Ah, isso não é tão mal. Você tirou fotos?

PAPARAZZO 2: Sim, chefe.

A VOZ DO CHEFE: Tem mortos?

PAPARAZZO 2: Não, a estação estava deserta.

O ESTRANGEIRO (*para si mesmo*): *Shit.*

A VOZ DO CHEFE: Como assim, deserta? A estação central nunca está deserta.

PAPARAZZO 2: Mas dessa vez ela estava deserta. É por isso que te digo, chefe, que talvez seja verdade.

A VOZ DO CHEFE: Não pode ser verdade, está me entendendo? O que mais tem é manipulação, é um truque publicitário ou algo do gênero. Não caia em armadilhas.

PAPARAZZO 2: E por que não seria verdade?

A VOZ DO CHEFE: Porque isso nunca aconteceu antes.

PAPARAZZO 2: Mas tem muita gente que não resiste, chefe. Bem aqui em frente tem toda uma família composta por pai, mãe, avó e quatro crianças entre cinco e nove anos que queima na rua tudo que há de inflamável na sua papelaria. Chamaram os bombeiros, mas não tem mais nenhum bombeiro de plantão. Parece que todos os bombeiros entraram em depressão profunda...

A VOZ DO CHEFE: Você está falando bobagem.

O ESTRANGEIRO (*para a dona*): *One more beer, please...*

A DONA: Me deixe em paz.

PAPARAZZO 2: Parece também que o porteiro do hospício abriu as portas... Vi pessoas totalmente estranhas perambulando pela cidade.

A VOZ DO CHEFE: Bom, já chega. Vai para a casa do Mário, ele está te esperando. Você não pode perder, sobretudo, a hora da ferveção, lá na festa da piranha.

PAPARAZZO 2: É verdade que o Marlon Brando deve aparecer por lá também?

A VOZ DO CHEFE: Sim. Vamos lá, vai logo. E não esqueça as latas de cerveja para o Mário.

(*O chefe desliga. Paparazzo 2 se dirige ao estrangeiro.*)

PAPARAZZO 2: Você é estrangeiro?

O ESTRANGEIRO: *Shit.*

PAPARAZZO 2: Turista?

O ESTRANGEIRO: *Shit.*

PAPARAZZO 2: É o fim do mundo, você está sabendo?

O ESTRANGEIRO: *Shit.*

PAPARAZZO 2: É tudo o que você tem a dizer?

O ESTRANGEIRO: *Yes.*

PAPARAZZO 2: Merda.

O ESTRANGEIRO: *Shit.*

PAPARAZZO 2: Merda.

O ESTRANGEIRO: Merda.

PAPARAZZO 2: *Shit.*

O ESTRANGEIRO: *Shit*, merda.

PAPARAZZO 2: Muito bem! Tudo bem. Somos amigos.

O ESTRANGEIRO: *Ok. Shit.* Merda.

PAPARAZZO 2: Mil vezes merda! São todos loucos.

A DONA: Vamos lá. Me deixem em paz.

O ESTRANGEIRO: *Crazy. They are all crazy. Shit.*

PAPARAZZO 2 (*para a dona*)**:** Duas latas de cerveja, por favor.

A DONA: Acabou a cerveja.

PAPARAZZO 2 (*para o estrangeiro*)**:** Desculpe-me. Acabou a cerveja.

O ESTRANGEIRO: *Shit. I want a beer!*

A DONA: Vai se foder!

PAPARAZZO 2 (*ao estrangeiro*)**:** Americano?

O ESTRANGEIRO: *No.*

PAPARAZZO 2: Inglês?

O ESTRANGEIRO: *No.*

PAPARAZZO 2: Austrália? Australiano?

O ESTRANGEIRO: *No.*

PAPARAZZO 2: Ah bom! Então? Você é de onde mesmo? *Which country?*

O ESTRANGEIRO: *Shit country.*

PAPARAZZO 2: Ah, bom, ok, já entendi.

O ESTRANGEIRO: Ok.

PAPARAZZO 2: Vamos lá, te ofereço uma cerveja. (*Vai atrás do balcão e pega várias garrafas de cerveja. A dona não se mexe, o olhar perdido.*) Um brinde! À nossa!

O ESTRANGEIRO: *Shit! Cheers!*

PAPARAZZO 2: Merda. Saúde!

O ESTRANGEIRO (*com sotaque*)**:** Viva a França!

A DONA: Agora chega! Não tem mais nada.

PAPARAZZO 2: Ela tem razão, estamos todos na merda.

O ESTRANGEIRO: *Shit!*

PAPARAZZO 2: Estamos todos na *shit, yes.*

(*Sai com duas garrafas de cerveja e um sanduíche.*)

(*Escuro. Música "country".*)

(*Ou outra maneira de marcar o tempo que passa.*)

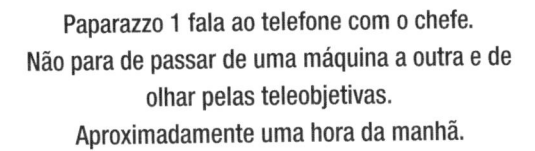

Paparazzo 1 fala ao telefone com o chefe.
Não para de passar de uma máquina a outra e de olhar pelas teleobjetivas.
Aproximadamente uma hora da manhã.

PAPARAZZO 1: Dez ou onze, chefe... Dos quais só duas ou três gatas... Teve também alguns que passaram e logo foram embora...

A VOZ DO CHEFE: Ela deve estar decepcionada...

PAPARAZZO 1: Não sei. Está com cara de não ligar a mínima... Muita gente ligou para ela, mas agora ela não atende mais as chamadas... Ela também liberou as empregadas... Jogaram metade da comida na piscina...

A VOZ DO CHEFE: Ah, isso deve ser bonito de ver. É exatamente disso que eu preciso.

PAPARAZZO 1: O senhor terá tudo chefe... Se visse as garrafas de champanhe *Cordon Bleu* que flutuam na piscina... E todo aquele caviar que eles jogaram fora... Olha só, tem um que subiu na mesa agora.

A VOZ DO CHEFE: Quem é?

PAPARAZZO 1: Não sei, chefe. Ele encheu os pratos e agora anda em cima dos pratos. Mas eu não o conheço.

A VOZ DO CHEFE: Tire uma foto assim mesmo.

(Paparazzo 1 tira uma foto.)

PAPARAZZO 1: Não estou entendendo mais nada, chefe... Todo mundo ficou louco.

A VOZ DO CHEFE: Deve ser por causa daquela história do sol, te garanto.

PAPARAZZO 1: Que história?

A VOZ DO CHEFE: Uma coisa demente, parece que houve uma explosão cósmica.

PAPARAZZO 1: Uma... O quê?

A VOZ DO CHEFE: Nada. Não é nada grave. Mas parece que alguns começaram a entrar em pânico.

PAPARAZZO 1: De todo jeito, ela não para de beber e de chorar como uma louca.

A VOZ DO CHEFE: Tira foto dela!

PAPARAZZO 1: Ela é incrivelmente bonita, chefe, quando choraminga.

A VOZ DO CHEFE: Tire mais fotos.

(Paparazzo 1 tira uma foto.)

PAPARAZZO 1: Ela deve estar totalmente pirada. Olha só, o cara que andou em cima dos pratos se jogou na piscina. (*Tira uma foto.*) E parece que o flautista se vai.

A VOZ DO CHEFE: E o outro, o cara do violoncelo?

PAPARAZZO 1: Ele está caído e desacordado. Inacreditável, é uma loucura, chefe, tem um agora que subiu no telhado.

A VOZ DO CHEFE: Quem é?

PAPARAZZO 1: Parece um pouco aquele sujeito... Como é que ele se chama, merda, aquele que trabalhou no... no... Merda, como se chamava aquele filme? (*Muito animado.*) Ele está tirando a roupa, chefe! Ele está tirando a roupa! Merda, ele é louco esse cara. (*Tira fotos o tempo todo.*) Oh, essa não!

A VOZ DO CHEFE: O quê? O quê?

PAPARAZZO 1: Tem uma gata, a gorda, ela deu um tiro nele.

A VOZ DO CHEFE: Ah, não pode ser verdade!

PAPARAZZO 1: É isso mesmo.

A VOZ DO CHEFE: E ele?

PAPARAZZO 1: Ele não está escutando nada. Ele está com seu iPod...

A VOZ DO CHEFE: Não perca essa! Não perca essa! Sobretudo se ela acertar alguém! Ela acertou em alguém?

PAPARAZZO 1: Ela atira mal, chefe! (*Em pânico.*) Merda! Mil vezes merda!

A VOZ DO CHEFE: O quê!?

PAPARAZZO 1: A máquina. Tenho que trocar o filme.

A VOZ DO CHEFE: Vai logo.

PAPARAZZO 1: Sim, chefe. (*Ele recoloca o filme de modo agitado.*) O senhor me prometeu alguma coisa, chefe.

A VOZ DO CHEFE: O quê?

PAPARAZZO 1: Um sanduíche, chefe. O senhor me disse que Daniel estava aqui perto. Preciso de uma cerveja bem gelada, chefe. Quando vejo a quantidade de cerveja que esses doidos derramaram no chão... Tenho vontade de gritar... Aliás, tem uns que ainda estão molhando as flores com as últimas garrafas de cerveja.

A VOZ DO CHEFE: Anda, anda, você já colocou o novo filme na máquina?

PAPARAZZO 1: Sim, chefe! (*Recomeça a tirar fotos.*) Ah, essa é a melhor! (*Ri.*) Ai não, isso é...

A VOZ DO CHEFE: O que que é agora?

PAPARAZZO 1: Ela está transando com o flautista!

A VOZ DO CHEFE: Mas onde isso? Ele não tinha ido embora?

PAPARAZZO 1 (*sempre tirando fotos*)**:** Justamente. Ela o alcançou e agora está trepando com ele na rua.

A VOZ DO CHEFE: Na rua? Agora acho que você está delirando!

PAPARAZZO 1: De jeito nenhum, chefe!

A VOZ DO CHEFE: Ela está nua?

PAPARAZZO 1: Não, está sem sapato... Ai, meu Deus! É o cúmulo agora! Chefe, me escuta... (*Continua tirando fotos.*) Essa explosão cósmica de que você falava... (*Foto.*) Se der certo... E se a gente conseguir publicar tudo isso... *Mamma mia*, vai ser bombástico, isso... A gente tira a sorte grande...

(*Escuro. Escutam-se tiros.*)

(*Ou outra maneira de marcar o tempo que passa.*)

A mulher descalça perto da cabine telefônica e da fonte pública. Vestido de festa extremamente elegante, mas um pouco sujo e amassado. A mulher descalça está com cara de cansada, dando a impressão de que esteve vagando pela cidade. Lava os pés. Encontra a garrafa de champanhe abandonada pelo homem com a caixa de flauta e toma uns goles.
O telefone toca na cabine telefônica ali perto. A mulher descalça olha em volta, espera um pouco e finalmente atende. Perto de duas horas da madrugada.

A MULHER DESCALÇA: Alô.

A VOZ: Bom dia.

A MULHER DESCALÇA: Bom dia.

A VOZ: Obrigado por ter atendido. Me faz muito bem mesmo escutar sua voz.

A MULHER DESCALÇA: Mas... Você quer falar com quem?

A VOZ: Com você, se você puder me escutar um pouco.

A MULHER DESCALÇA: Mas isso aqui é um orelhão!!!

A VOZ: Sim, eu sei. É o orelhão do parque.

A MULHER DESCALÇA: Ah, não. Não tem nenhum parque por aqui. Aqui é um ponto de ônibus.

A VOZ: Olha, estranho. Me disseram que havia um parque com lago e patinhos nadando.

A MULHER DESCALÇA: Escute aqui, meu senhor, não tem parque, nem lago, nem pato por aqui. Quem sabe o senhor não quer falar com o motorista do ônibus?

A VOZ: Não, ele está aí?

A MULHER DESCALÇA: Não. Mas ele não deve demorar.

A VOZ: Bem, até ele chegar gostaria que me respondesse algumas perguntas.

A MULHER DESCALÇA: Eu?

A VOZ: Sim, senhora. Sabe, é que eu sou cego.

A MULHER DESCALÇA: Ah...

A VOZ: Vivo sozinho faz muitos anos. Não tenho família, não tenho amigos. Minha única ligação com o mundo exterior é o telefone. E como não conheço ninguém, ligo ao acaso. Às vezes caio com pessoas apressadas, furiosas e irritadas que se sentem roubadas porque lhes peço um minuto de sua vida. Mas muitas vezes caio com homens ou mulheres simpáticas como você. É assim que tomo pé do que está acontecendo no mundo, você entende? Está me escutando?

A MULHER DESCALÇA: Sim.

A VOZ: Mesmo se as pessoas se recusam a me escutar ou me responder, o fato de ter tido esse contato com eles me tranquiliza, eu me asseguro de que o mundo ainda existe, de que continua a girar, de que continua...

A MULHER DESCALÇA: Meu senhor, o ônibus está chegando...

A VOZ: Ai, não!

A MULHER DESCALÇA: Infelizmente... Lamento...Tenho que ir...

A VOZ: Menina, menina! Só uma perguntinha! Como é que está o céu aí? Está limpo?

A MULHER DESCALÇA: Sim...

A VOZ: Limpo, totalmente limpo. Não tem nenhuma nuvem em nenhum lugar?

A MULHER DESCALÇA: Não, mas já, já elas aparecem... Bom, então, estou indo, tchau.

A VOZ: Menina, menina... Será que você não poderia me fazer um favor? Tome o próximo ônibus.

A MULHER DESCALÇA: Não posso. E de todo jeito você está louco. Até logo, senhor.

A mulher descalça desliga. Fica ali por perto da cabine telefônica.

Depois de algumas dezenas de segundos, o telefone toca de novo. A mulher descalça atende.

A VOZ: Alô! Sou eu de novo. Alô? É você, menina? Está me escutando?

A mulher descalça não responde.

Liguei de novo porque... Hummm, é estranho, mas tive uma espécie de intuição... E pensei que você pudesse ainda estar aí... E você ainda está aí, é claro. Está me escutando, mas não quer me responder. Não faz mal. Saiba que estou contente de poder falar com você. Feliz mesmo. De falar com você e saber que você decidiu tomar o próximo ônibus... Menina, agora o céu não está mais tão limpo como estava, não é mesmo?

A MULHER DESCALÇA: Não.

A VOZ: Ele está mais para nublado hoje, não é mesmo?

A MULHER DESCALÇA: Sim.

A VOZ: De que cor são as nuvens?

A MULHER DESCALÇA: Cinza.

A VOZ: E o ônibus, ele estava de que cor?

A MULHER DESCALÇA: Vermelho.

A VOZ: Você está sozinha no ponto?

A MULHER DESCALÇA: Sim.

A VOZ: E a rua? É uma rua de mão dupla?

A MULHER DESCALÇA: Sim.

A VOZ: Quantas pistas de cada lado?

A MULHER DESCALÇA: Duas.

A VOZ: Tem canteiro no meio?

A MULHER DESCALÇA: Sim.

A VOZ: E do outro lado da avenida?

A MULHER DESCALÇA: É uma planície.

A VOZ: Você não está vendo nenhuma árvore, por acaso?

A MULHER DESCALÇA: Não. Não se vê nenhuma árvore na planície até a linha do horizonte.

A VOZ: Obrigado, menina. É só.

A MULHER DESCALÇA: De nada.

(*Ele desliga. A mulher descalça desliga. Ela fica ainda alguns segundos à espera, depois se afasta.*)

(*O tempo que passa.*)

A sala está iluminada por uma televisão. O cego que zapeia
está sentado numa poltrona em frente da televisão que
ilumina seu rosto.
O mendigo vai entrar furtivamente e vai ficar muito tempo
imóvel atrás do cego que zapeia, olhando a televisão.
Perto de três horas da manhã. Na sala pode haver
um pêndulo.
O cego que zapeia topou com um debate na televisão.

UMA VOZ DE REPÓRTER QUE TRANSMITE AO VIVO: ... É uma agonia, é esse o termo verdadeiro, pois há engarrafamentos monstruosos, parece que na fronteira os funcionários da alfândega estão também totalmente exaustos. Ninguém pregou o olho a noite toda, houve saques.

(O cego que zapeia, zapeia.)

A VOZ DO APRESENTADOR: ...Lembramos a nossos telespectadores que o senhor trabalha no observatório astronômico de Genebra. Portanto, professor Pandolfi, parece que estamos vivendo, quase em tempo real, um fenômeno cósmico inacreditável.

A VOZ DO PROFESSOR PANDOLFI: Sim, trata-se de um tipo de implosão solar que começou apenas há algumas horas.

A VOZ DO APRESENTADOR: Então isso quer dizer o que exatamente, uma implosão solar? Quer dizer que o sol não será mais como antes?

A VOZ DO PROFESSOR PANDOLFI: Na verdade, é muito difícil medir agora as consequências desse fenômeno, que, aliás, começou a se produzir em cadeia em nossa galáxia por causa de um tipo de agente desencadeador vindo de fora...

A VOZ DO APRESENTADOR: É um pouco como um vírus da informática.

A VOZ DO PROFESSOR PANDOLFI: Se você quiser...

A VOZ DO APRESENTADOR: Mas, concretamente, o que vai acontecer com nosso sol?

A VOZ DO PROFESSOR PANDOLFI: Em princípio, depois de uma implosão, há o risco de que a estrela em questão, no nosso caso, o sol, fique com sua massa, mas perca seu tamanho, pois se trata de encolhimento da própria matéria, uma espécie de contração incrível... Uma estrela que sofre uma implosão é como um buraco negro que absorve bruscamente sua própria energia.

A VOZ DO APRESENTADOR: Professor, seja mais objetivo. Nesse momento, o sol ainda existe ou acabou?

A VOZ DO PROFESSOR PANDOLFI: Ainda existe, mas seu diâmetro está encolhendo a uma velocidade inacreditável e, finalmente, se nossos cálculos estiverem certos, vai acabar com um diâmetro que não será maior do que a cidade de Paris.

A VOZ DO APRESENTADOR: Então a gente vai poder vê-lo amanhã de manhã ou não?

A VOZ DO PROFESSOR PANDOLFI: Na minha opinião, não.

(*O cego que zapeia, zapeia.*)

UMA OUTRA VOZ DE JORNALISTA: ... 30 30. Repito o número: 01 43 43 30 30. Quarto número de telefone: 01 44 44 30 30. Repito: 01 44 44 30 30. Quinto número de telefone: 01 45 45 30 30. Vocês podem também digitar no Minitel[1]...

(*O Cego que zapeia, zapeia.*)

A VOZ DO PROFESSOR PANDOLFI: ... Não acredito... Primeiramente não se trata de um novo big-bang... E de todo modo uma galáxia não funciona como uma rede eletrônica nacional, portanto, não se pode falar de falha...

(*O Cego que zapeia, zapeia.*)

UMA VOZ DE ALTO FUNCIONÁRIO: Não fiquem em pânico... Trata-se de uma perturbação. A prefeitura pede a todos vocês para economizar eletricidade e não ficar em pânico... Somos pessoas civilizadas, fiquem trancados em casa... Somos humanos, temos uma consciência, economizem água e eletricidade... A dignidade antes de tudo, não se pode esquecer que somos seres responsáveis...

---

[1] Pequeno terminal de consultas de banco de dados utilizado até pouco tempo na França. Antecessor da internet, esse sistema oferecia uma capacidade considerável de comunicação em rede. O usuário precisava apenas marcar um número no teclado e seguir as instruções. (N. E.)

(*O cego que zapeia, zapeia.*)

A VOZ DE UM JORNALISTA AGITADO: ... Nunca... Nunca... E é por isso que eu vos convido a seguir conosco direto do fim do mundo, não esqueçam todas as informações sobre nossa cadeia, direto até o último momento, a seguir... (*Ele tosse.*) O fim do mundo... (*Gritando.*) Senhor presidente, uma pergunta, por favor, uma pergunta...

(*O mendigo faz um barulho.*)

O CEGO QUE ZAPEIA (*corta o som*): Quem está aí?

O MENDIGO (*baixinho*): Você acha que é verdade?

O CEGO QUE ZAPEIA: Mas quem está aí?

O MENDIGO: Sou eu...

O CEGO QUE ZAPEIA: Quem?

O MENDIGO: Moro aqui em frente.

O CEGO QUE ZAPEIA: Onde?

O MENDIGO: Sou... um pouco... sou um meio-vizinho... Moro na calçada da frente... Já faz dez anos. Eu o conheço bem, senhor. Eu o vejo quase todos os dias.

O CEGO QUE ZAPEIA: Você tem um cachorro, não é?

O MENDIGO: Sim, mas ele foi embora.

O CEGO QUE ZAPEIA: Quando isso?

O MENDIGO: Depois da explosão. (*Enxuga uma lágrima.*) Você acredita que é verdade? Eu acredito que é verdade, já estava mais do que na hora disso cair na nossa cabeça.

O CEGO QUE ZAPEIA: Não sei, não.

O MENDIGO: Isso é porque o homem perdeu sua crença... Traímos Deus... Ninguém mais ama Deus...

O CEGO QUE ZAPEIA: Como é que você entrou?

O MENDIGO: Estamos ferrados, senhor. Ferrados. Não tem mais o que fazer. Só se pode esperar. Esperar e rezar.

O CEGO QUE ZAPEIA: Mas como você entrou aqui?

O MENDIGO: Ainda tenho uma cópia da chave que sua mãe perdeu há alguns anos. É incrível como o tempo passa.

O CEGO QUE ZAPEIA: Foi você que tomou um banho aqui na minha casa o ano passado?

O MENDIGO: Foi.

O CEGO QUE ZAPEIA: Você quer beber alguma coisa?

O MENDIGO: Sim...

O CEGO QUE ZAPEIA: Tem uma garrafa de conhaque naquele armário ali.

O MENDIGO (*se levanta e vai buscar a garrafa*): Eu sei...

O CEGO QUE ZAPEIA: E os copos...

O MENDIGO: Fique aí, eu sei onde eles estão... (*Vai até a cozinha. Voltando.*) Veja você, o grande drama, para mim, é que Deus também não nos ama mais... (*Enche os copos.*) E agora é tarde demais.

O CEGO QUE ZAPEIA: Você tem fé?

O MENDIGO: Sim.

O CEGO QUE ZAPEIA: Faz dois anos, e foi você que me roubou um garfo e uma colher de prata?

O MENDIGO: Foi sim, meu senhor, eu outra vez. Eu tava numa pior e...

O CEGO QUE ZAPEIA: E com o vidro de Chanel, o que é que você fez com ele?

O MENDIGO: Você não vai acreditar! Dei de presente.

O CEGO QUE ZAPEIA: Pra quem?

O MENDIGO: Pra dona Morand, a zeladora.

O CEGO QUE ZAPEIA: Ah, bom.

O MENDIGO: Sim, ela sempre foi muito gentil comigo. Então pensei comigo mesmo, de todo jeito sua mãe está morta mesmo... Então roubei seu Chanel... Pois, de qualquer maneira... Pensei comigo mesmo, que Deus ia me perdoar.

O CEGO QUE ZAPEIA: Sente-se... Minha mãe também tinha muita fé.

O MENDIGO: Eu sei.

O CEGO QUE ZAPEIA: Ela conversava com você de vez em quando?

O MENDIGO: Sim... De vez em quando me trazia restos, refeição para meu cachorro.

O CEGO QUE ZAPEIA: Vamos lá, à nossa!

O MENDIGO: À sua saúde!

(*Bebem em silêncio.*)

O CEGO QUE ZAPEIA: Aquela caixinha com bailarina que dança, você ainda a tem?

O MENDIGO: Não, vendi no mercado das pulgas.

O CEGO QUE ZAPEIA: E o candelabro?

O MENDIGO: Também foi vendido.

O CEGO QUE ZAPEIA: E o medalhão de âmbar?

O MENDIGO: Esse eu ainda tenho. Quando eu o roubei, não sabia que tinha uma foto de sua mãe lá dentro. Quando vi que sua foto estava grudada lá, pensei "poxa, Mimile, isso não se faz, você vai ter que devolver isso ao senhor Bessou". Então eu guardei.

O CEGO QUE ZAPEIA: É mesmo?

O MENDIGO: É. Aqui, pegue.

O CEGO QUE ZAPEIA: Oh, me dá um imenso prazer de pegá-lo.

O MENDIGO: Sabia que você gostava muito dele.

O CEGO QUE ZAPEIA: Obrigado, senhor. De verdade, muito obrigado. Serei grato eternamente. Quer tomar um banho?

O MENDIGO: Sim, eu adoraria.

O CEGO QUE ZAPEIA: Pode ir. Sinta-se em casa.

(*Escuro.*)

(*Escuta-se o barulho de uma televisão ligada, mas que não está em nenhum canal.*)

(*Ou uma maneira de marcar o tempo que passa.*)

O homem com a caixa de violoncelo dá chutes num saco dentro do qual se percebe uma forma humana. Ali perto tem uma máquina de bebidas.
Por volta de quatro horas da manhã.

O HOMEM COM A CAIXA DE VIOLONCELO: Quieto! Quieto! Eu disse quieto!

(*A vítima geme. Mais uns chutes.*)

Você vai ficar quieto, hein? Merda! Você cala essa boca, ou não?

(*A vítima geme. Ele continua a bater.*)

Chega, merda! Merda! Você cala a boca ou ... Merda! Cala a boca!

(*A vítima se cala. O homem com a caixa de violoncelo enxuga a testa. A vítima volta a gemer.*)

Porra! (*Ele bate de novo.*) Você vai calar essa boca, hein! Cala a boca agora! (*Ele bate.*) Agora! (*Ele bate.*) Agora! Para! Para, para, para! Filho da puta... Oh, estou com uma dor de cabeça!

Durante todo o tempo, o homem para quem o nascimento foi uma queda, compra uma lata de Coca-Cola, bebe e olha a cena. (*Depois de um tempo.*)

O HOMEM PARA QUEM O NASCIMENTO FOI UMA QUEDA: Senhor, será que posso te contar uma história ligada ao nascimento?

O HOMEM COM A CAIXA DE VIOLONCELO: Não sei... De verdade! A única coisa que sei é que isso vai terminar mal.

(*A vítima geme.*)

O HOMEM PARA QUEM O NASCIMENTO FOI UMA QUEDA: Mas acalme-se, por Deus do céu! Você vai acordar toda a rua.

O HOMEM COM A CAIXA DE VIOLONCELO (*desesperado, quase chorando, senta-se sobre o corpo*): Não sei. Ele me deixa doido.

O HOMEM PARA QUEM O NASCIMENTO FOI UMA QUEDA: Você sabe, muitas vezes me perguntei... o que é isso, um nascimento? E aí, bem, um nascimento é, em primeiro lugar, um grito. Um grito que te empurra brutalmente de um mundo a outro. Em poucos segundos, você passa de um *estado* a outro. De um *estado de espírito* a outro. De uma *vida* a outra.

(*A vítima geme.*)

O HOMEM COM A CAIXA DE VIOLONCELO: Você está escutando? Ele não se cala nunca, nunca.

O HOMEM PARA QUEM O NASCIMENTO FOI UMA QUEDA: E depois? Depois vem a angústia. O estresse. A impotência. O tempo. A espera. A repetição obsessiva de certos gestos. De certas palavras. De certas sensações. Assombrações sem fim. Para depois viver infinitamente sob o signo da dor.

O HOMEM COM A CAIXA DE VIOLONCELO: Ok, ok, já entendi. Você quer bater também, não é mesmo? Vai, bate! Vai te acalmar! Bate!

O HOMEM PARA QUEM O NASCIMENTO FOI UMA QUEDA (*batendo*)**:** Sim, da dor que te foi infligida pela expulsão do ventre da tua mãe. (*Bate.*) Uma expulsão que chamamos de nascimento. (*Bate.*) Que você não esperava. Que você não queria. (*Bate.*) E que você nunca aceitou. E que feriu todo o seu ser...

A VELHA SENHORA COM A BÚSSOLA: Ah, você de novo! Você de novo! Já estou cheia.

O HOMEM COM A CAIXA DE VIOLONCELO: Senhora, ele geme o tempo todo, é inacreditável.

A VELHA SENHORA COM A BÚSSOLA: Ele está cinco horas atrasado! Cinco horas de atraso! Está tudo ferrado! É o fim.

O HOMEM PARA QUEM O NASCIMENTO FOI UMA QUEDA: Cinco horas. Agora há pouco me disseram que eram só três...

A VELHA SENHORA COM A BÚSSOLA: Sim, agora há pouco eram três, agora são cinco.

O HOMEM COM A CAIXA DE VIOLONCELO (*batendo na vítima*)**:** Cinco horas de atraso, você está escutando isso? Idiota! Cinco horas! Você escutou o que essa senhora acaba de dizer?

O HOMEM PARA QUEM O NASCIMENTO FOI UMA QUEDA (*desesperado*): Oh, não! Você não está nem me escutando... Oh, merda... (*Ele parte.*)

A VELHA SENHORA COM A BÚSSOLA (*para o homem para quem o nascimento foi uma queda*): Tem um café aberto no final da rua...

O HOMEM PARA QUEM O NASCIMENTO FOI UMA QUEDA: Que rua?

A VELHA SENHORA COM A BÚSSOLA: Que rua! Uma rua... Essa aqui, aquela lá, sei lá... (*Para o homem com a caixa de violoncelo, apontando para o saco.*) Mas ele não responde.

O HOMEM COM A CAIXA DE VIOLONCELO: Não, ele só fica gemendo, o tempo todo.

O HOMEM PARA QUEM O NASCIMENTO FOI UMA QUEDA (*se afastando*): E o mais irritante é quando a gente tem a memória da vida de antes. De antes do nascimento...

A VELHA SENHORA COM A BÚSSOLA (*se curva sobre o homem amarrado no saco*): Responda, senhor. É uma velha senhora que vos fala. A bússola não mostra mais nada. A agulha está girando em falso. (*Momento de silêncio. Para o homem com a caixa de violoncelo.*) Quem sabe você o amordaçou antes de colocá-lo lá dentro?

O HOMEM COM A CAIXA DE VIOLONCELO: Senhora, será que dá pra parar com suas perguntas idiotas?

(*Um telefone celular toca no saco.*)

(*O homem com a caixa de violoncelo sai correndo como um louco.*)

A VELHA SENHORA COM A BÚSSOLA: Espera aí... Você está indo embora? Alô?... Merda. Onde é que está tocando? (*Para o homem amarrado dentro do saco.*) Tá tocando aí dentro?... (*O homem amarrado no saco geme.*) Deve ser aí dentro... (*Horrorizada.*) Olha só, eles o amarraram com seu celular... É o cúmulo! É simplesmente o cúmulo!

(*O funcionário da prefeitura passa.*)

O FUNCIONÁRIO DA PREFEITURA (*desliza como um fantasma e fala num megafone*): Cinco horas e quinze minutos de atraso... Não tem o que fazer... Portanto, ninguém precisa entrar em pânico. A prefeitura aconselha a todos ficarem fechados em casa, mas no final das contas vocês não são obrigados a nada. Tudo o que queremos relembrá-los é que é preciso esperar com dignidade. É importante. Não esqueçam que vocês são seres humanos. É preciso esperar com dignidade, mesmo se for uma infelicidade. Mesmo se for o fim. Mesmo se for a noite eterna. O essencial é esperar com dignidade...

A VELHA SENHORA COM A BÚSSOLA: Senhor, senhor... Senhor, por favor, tem alguém aqui que não pode responder ao telefone... Parece que está amarrado... O que é que eu faço? Não posso responder no lugar dele... E continua a tocar... (*Para si mesma.*) Meu Deus, o que é que eu estou fazendo aqui? (*Para o funcionário da prefeitura.*) Você é surdo?

O FUNCIONÁRIO DA PREFEITURA (*sai, mas ainda se escuta ele falando em seu megafone*): A dignidade! Pedimos que vocês não entrem em pânico e esperem com dignidade... Não somos animais... Não somos feras... Não somos doentes mentais... Não somos mongoloides... Não somos abortos da natureza... Somos seres humanos dignos...

(*O celular do homem amarrado no saco continua a tocar. Escutam-se alguns barulhos ao longe, que cortam a voz do funcionário da prefeitura.*)

(*A senhora com a bússola corre atrás dele na direção dos barulhos.*)

A SENHORA COM A BÚSSOLA: Senhor! Senhor! Tem um café na esquina? Senhor? Onde é que o senhor está?

(*O telefone para de tocar.*)

(*Paparazzo 2 chega [com duas garrafas de cerveja e um sanduíche]. Pega seu telefone celular e faz uma ligação.*)

PAPARAZZO 2: Oi, chefe! Sou eu.

A VOZ DO CHEFE: Onde você está?

PAPARAZZO 2: Escuta isso, topei com um cara fechado num saco, que está levando pancadas. Isso te interessa?

A VOZ DO CHEFE: É um político?

PAPARAZZO 2: Não sei de nada.

A VOZ DO CHEFE: Ele está morto?

PAPARAZZO 2: Não aparentemente... Não. Geme de vez em quando... Acho que foi amarrado...

A VOZ DO CHEFE: Mas que porra que ele está fazendo aí?

PAPARAZZO 2: Sei lá. Ele tá aí. E todo mundo que passa dá pancadas nele. Ele geme, mas não fala nada. Acho que ele está amordaçado.

A VOZ DO CHEFE: Oras…

PAPARAZZO 2: Passaram por aqui, até agora, umas vinte pessoas, e entre elas várias velhas senhoras que bateram nele.

A VOZ DO CHEFE: E ele?

PAPARAZZO 2: Mas eu já disse, ele não faz nada, ele se debate de vez em quando e geme. É tudo. Isso te interessa? Tirei algumas fotos, mas…

A VOZ DO CHEFE: Vale uma foto somente se a gente matar ele, quando a gente matar. Mas verifique antes se é um político.

PAPARAZZO 2: Sim, chefe.

A VOZ DO CHEFE: Tá bom, até mais tarde.

PAPARAZZO 2: Até mais tarde.

(*Paparazzo 2 arruma seu telefone. Olha em torno de si, aproxima-se do homem sempre fechado no saco, tira uma foto, sacode um pouco.*)

PAPARAZZO 2: Senhor…

O HOMEM FECHADO NO SACO: Hummm…

PAPARAZZO 2: Alguém te machucou?

O HOMEM FECHADO NO SACO: Hummm...

PAPARAZZO 2: Será que posso fazer alguma coisa por você?

O HOMEM FECHADO NO SACO: Hummm...

PAPARAZZO 2: Escute aqui, cara, estou um pouco incomodado... Não sei se você entende bem...

O HOMEM FECHADO NO SACO: Hummm...

PAPARAZZO 2: Mas o que quer dizer "hummm"? Não entendo nada.

O HOMEM FECHADO NO SACO: Hummm...

PAPARAZZO 2: Merda. Escute, se eu puder ser de alguma utilidade de algum jeito diga duas vezes "hummm".

O HOMEM FECHADO NO SACO: Hummm... Hummm...

PAPARAZZO 2: Ah bom, então isso funciona... Então você ainda está vivo...

O HOMEM FECHADO NO SACO: Hummm...

PAPARAZZO 2: Bom, escute, se compreendo bem, você está amarrado e amordaçado, não é?

O HOMEM FECHADO NO SACO: Hummm...

PAPARAZZO 2: Espere, preciso te fazer uma pergunta (*Um tempo.*) Concorda? (*Um tempo.*) Portanto, se você está amordaçado faça três vezes "hummm".

O HOMEM FECHADO NO SACO: Hummm, hummm, hummm.

PAPARAZZO 2: Está bem. Funciona. Se você também está amarrado diga quatro vezes "Hummm".

O HOMEM FECHADO NO SACO: Hummm, hummm, hummm, hummm.

PAPARAZZO 2: Muito bem, muito bem. Entendi. Bom, escute, será que você tem documentos de identidade com você? Se for sim, uma vez "hummm", se for não, duas vezes "hummm".

O HOMEM FECHADO NO SACO: Hummm... Hummm...

PAPARAZZO 2: Ah, então está mais para não... Escute, você quer que eu chame a polícia? Sim ou não?

O HOMEM FECHADO NO SACO: Hummm, hummm.

PAPARAZZO 2: Você é um assassino? Um criminoso? Trata-se de um ajuste de contas? É por isso que te trancaram aí? Sim ou não?

O HOMEM FECHADO NO SACO: Hummm... Hummm...

PAPARAZZO 2: Você está com sede?

O HOMEM FECHADO NO SACO: Hummm.

PAPARAZZO 2: Você mora na cidade?

O HOMEM FECHADO NO SACO: Hummm. Hummm.

PAPARAZZO 2: Ah, você está só de passagem?

O HOMEM FECHADO NO SACO: Hummm.

PAPARAZZO 2: Bem, estou entendendo. Escute aqui, senhor. Não posso intervir em seja lá o que for. Só lido com informação. O senhor compreende? Então, se estiver de acordo, eu te desamarro dois segundos, você me diz seu nome e sua profissão. Mas nada mais, compreende? E eu te amordaço de novo, porque não tenho o direito de tocar em nada. Concorda? Tá combinado? Se concorda diga quatro vezes "hummm".

O HOMEM FECHADO NO SACO: Hummm, hummm, hummm, hummm.

PAPARAZZO 2: Muito bem, cuidado... (*Ele abre o saco e tira a mordaça do homem fechado no saco.*) Então, uma vez mais... Só a profissão... Só isso! Entendido? Vamos lá!

O HOMEM FECHADO NO SACO: Professor Pandolfi do Observatório Astronômico de Genebra.

PAPARAZZO 2 (*amordaça a personagem outra vez*): Muito bem...

O HOMEM FECHADO NO SACO: Hummm... Hummm... Hummm...

O telefone celular do homem fechado no saco toca outra vez.

PAPARAZZO 2: Está tocando aí dentro?

O HOMEM FECHADO NO SACO: Hummm.

(*O telefone continua a tocar.*)

PAPARAZZO 2: Onde está o seu telefone celular? Está no bolso do seu paletó ou no bolso da sua calça? Diga uma vez "hummm" para o paletó e duas vezes "hummm" para a calça.

O HOMEM FECHADO NO SACO: Hummm. Hummm.

PAPARAZZO 2: Tudo bem. Que bolso, o da direita ou o da esquerda? Diga uma vez "humm" para a esquerda e duas vezes "humm" para a direita.

O HOMEM FECHADO NO SACO: Hummm, hummm, hummm.

PAPARAZZO 2: O que é isso? Você não me entendeu?

O HOMEM FECHADO NO SACO: Hummm.

PAPARAZZO 2: Você tem um terceiro bolso na calça? É o bolso de trás? Diga três vezes "humm" se é o bolso de trás.

O HOMEM FECHADO NO SACO: Hummm, hummm, hummm.

PAPARAZZO 2: Tudo bem. Vamos lá, não se mexa, vou colocar a mão em você. (*Ele toca no homem.*) Está aqui. Encontrei. (*Tira uma faca, faz uma pequena abertura no saco e pega o telefone celular do homem fechado no saco.*) Alô?

A VOZ: Alô?

PAPARAZZO 2: Sim?

A VOZ: Obrigado por ter atendido.

PAPARAZZO 2: De nada. Com quem você quer falar?

A VOZ: Com você.

PAPARAZZO 2: Comigo?

A VOZ: Sabe como é, sou cego.

PAPARAZZO 2: Ah...

A VOZ: E passo meu tempo ligando para números ao acaso...

PAPARAZZO 2: Ah, entendi.

A VOZ: Estou num estado de profunda tristeza. Me disseram que o sol não se levantou hoje.

PAPARAZZO 2: O quê?

A VOZ: Sim, parece que ele está cinco horas atrasado.

PAPARAZZO 2: Mas você é completamente louco, você...

A VOZ: Não, é justamente por isso que estou totalmente fora de mim e que me permito...

PAPARAZZO 2: Escute, senhor, não sou o proprietário desse número que você ligou. O verdadeiro proprietário, infelizmente, não está em condições de responder...

O HOMEM FECHADO NO SACO: Hummm...

A VOZ: Mas não estou nem aí... Tudo o que quero é falar com alguém...

PAPARAZZO 2: Não, senhor, isso não se faz. Não posso falar no lugar da pessoa que é a proprietária do número e...

A VOZ: Merda, não desligue, eu te suplico... Olhe um pouco o céu para mim, é tudo que eu te peço.

PAPARAZZO 2: O céu, o céu... Onde está o céu? Senhor, não vejo nenhum céu, estou dentro de um subterrâneo, não se pode ver nada daqui. Quer que eu te passe o legítimo proprietário desse número? Posso passá-lo, mas saiba que ele só fala uma palavra que é "hummm".

A VOZ: Não tem importância. Pode passá-lo assim mesmo.

PAPARAZZO 2: Aqui... (*Aproxima o telefone celular da boca do homem fechado no saco.*) Diga qualquer coisa, senhor.

O HOMEM FECHADO NO SACO: Hummm.

A VOZ: Alô? Sabe, sou cego. Passo meu tempo telefonando para números aleatoriamente... Às vezes, caio com pessoas na verdade muito simpáticas... Mas, desde ontem a noite, estou profundamente abalado. Algo está acontecendo. Você está sabendo de alguma coisa?

O HOMEM FECHADO NO SACO: Hummm...

A VOZ: O quê?

O HOMEM FECHADO NO SACO: Hummm...

A VOZ: Parece que é o fim do mundo. O que é que você pensa?

O HOMEM FECHADO NO SACO: Hummm...

A VOZ: Não entendo nada. O que quer dizer isso? Você está me escutando?

O HOMEM FECHADO NO SACO: Hummm...

A VOZ: Escuta, se você está me escutando diga duas vezes "hummm".

O HOMEM FECHADO NO SACO: Hummm... Hummm...

A VOZ: Muito bem! Compreendi. Sou cego, você entende? Se você compreendeu, diga três vezes "hummm".

O HOMEM FECHADO NO SACO: Hummm, hummm, hummm.

(*Paparazzo 2 põe o telefone celular na cabeça do homem fechado no saco e se afasta. A conversa entre o cego e o homem fechado no saco continua em surdina.*)

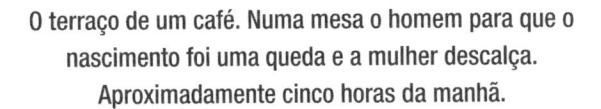

O terraço de um café. Numa mesa o homem para que o nascimento foi uma queda e a mulher descalça. Aproximadamente cinco horas da manhã.

O HOMEM PARA QUEM O NASCIMENTO FOI UMA QUEDA: É esta a diferença, entende? Para a maioria dos humanos, agora eu sei, só conta a vida *depois*. Mas, para mim, os dois tempos de minha existência têm peso igual na minha alma. Quer dizer que minha vida antes do nascimento, a vida que eu vivi no ventre da minha mãe, bem... Essa vida, ela continua muito bem gravada no meu ser... Entende? Em toda a minha memória... Na profundeza dos meus gestos... (*A mulher descalça escuta e chora. De vez em quando ela enxuga as lágrimas.*) Vocês estão vendo? Sou o homem que não esqueceu nada... Minha vida de antes está aqui comigo, no calor e na fluidez dos meus sonhos... Na intimidade do meu corpo que envelhece... E isso me faz mal, mal, mal saber que fui expulso irremediavelmente, por toda a eternidade.

(*O garoto se aproxima.*)

O GAROTO: Senhor...

O HOMEM PARA QUEM O NASCIMENTO FOI UMA QUEDA: Sim?

O GAROTO: O patrão está pedindo para o senhor acertar sua conta.

O HOMEM PARA QUEM O NASCIMENTO FOI UMA QUEDA: O quê?

O GAROTO: O patrão está pedindo para o senhor pagar sua conta agora, por favor.

O HOMEM PARA QUEM O NASCIMENTO FOI UMA QUEDA: Ai, que merda, a ficha ainda não caiu que o sol não vai se levantar mais?

O GAROTO: Claro que sim.

O HOMEM PARA QUEM O NASCIMENTO FOI UMA QUEDA: Escuta aqui, vai dizer pro seu patrão que está tudo ferrado. E que ele pare de me encher o saco com essa história de conta. Tá bom?

O GAROTO: Sim, senhor.

(*O garoto se afasta.*)

O HOMEM PARA QUEM O NASCIMENTO FOI UMA QUEDA: O que é que eu estava dizendo?

A MULHER DESCALÇA (*chorando*): É doloroso se saber expulso por toda a eternidade.

O HOMEM PARA QUEM O NASCIMENTO FOI UMA QUEDA: É. Pois *antes*, *antes*, lá... Nas entranhas da minha mãe, minha vida... Era a paz, a perfeição... A ubiquidade... O pertencimento a um mundo homogêneo e simples, onde o espaço e o tempo eram substituídos pelas leis mais sutis da *organicidade*. Porque, na carne da minha mãe, que envolvia minha própria carne, havia um grande reservatório de calma... Como vocês podem ver, tudo era confiança, harmonia... Porque o único momento de harmonia perfeita, isso, a gente só vive uma vez, na carne de nossa mãe...

(*O garoto volta.*)

O GAROTO: Senhor...

O HOMEM PARA QUEM O NASCIMENTO FOI UMA QUEDA: Sim?

O GAROTO: O patrão sabe de tudo.

O HOMEM PARA QUEM O NASCIMENTO FOI UMA QUEDA: O quê?

O GAROTO: Ele me pediu para lhe dizer que não tem nada a ver uma coisa com a outra. Mesmo que o sol não se levante nunca mais, o senhor tem que pagar a sua conta.

O HOMEM PARA QUEM O NASCIMENTO FOI UMA QUEDA: Ele é louco. Ele é completamente louco, o seu patrão! Escute aqui, você não entende que é o fim? Que é o grande final? Diga a esse tipo, a esse cuzão aí, que temos ainda alguns minutos para viver, tá certo? Dez, quinze, não sei exatamente, mas diga-lhe que é preciso que ele compreenda que todos nós temos somente ainda alguns minutos de vida... Tudo bem? E que ele me deixe em paz!

O GAROTO: Sim, senhor.

(*O garoto se afasta.*)

O HOMEM PARA QUEM O NASCIMENTO FOI UMA QUEDA:
Voltando, eu estava aonde?

A MULHER DESCALÇA (*chorando*): Você falava daquele único momento de harmonia que você viveu no ventre de sua mãe...

O HOMEM PARA QUEM O NASCIMENTO FOI UMA QUEDA:
Mas não fui só eu! Todos nós, compreende, nós vivemos, todos, esse momento de harmonia, mas nosso drama é que todos esquecem disso... Todos menos eu, é claro, porque é justamente isso que quero que vocês compreendam, que eu não esqueci nada... Foi lá, no ventre de minha mãe, que me senti mais livre... Verdadeiramente livre. É, foi a única forma de liberdade que eu jamais conheci... Sim... Oh, meu Deus, e se eu não tivesse perdido minha mãe com três anos de idade... Ai se minha mãe ainda estivesse viva... Se minha mãe fosse, por exemplo, você, aí eu gostaria muito de lhe dizer tudo isso...

(*O garoto volta.*)

O GAROTO: Senhor...

O HOMEM PARA QUEM O NASCIMENTO FOI UMA QUEDA:
Mas o que você quer ainda?

O GAROTO: O patrão diz que não é justo. O senhor pediu duas refeições de 89 francos, uma garrafa de Bordeaux de 78 francos, uma garrafa de água de 15 francos e agora precisa acertar. O sol não tem nada a ver com isso.

O HOMEM PARA QUEM O NASCIMENTO FOI UMA QUEDA:
Mas é o fim do mundo! Compreende? Tudo foi para

os ares! A galáxia está indo embora! Houve uma implosão do sol, você não escuta os jornais?

O GAROTO: Senhor, não estou nem aí, mas não gostaria de perder meu emprego. Pode até ser que seja um alarme falso...

O HOMEM PARA QUEM O NASCIMENTO FOI UMA QUEDA: Mas não se trata de um falso alarme. Nem se trata de um alarme! É que não tem mais sol, você está entendendo?

O GAROTO: Meu patrão lhe pede com todo respeito para acertar a conta. É só. E, quanto ao sol, vamos esperar e ver o que acontece.

O HOMEM PARA QUEM O NASCIMENTO FOI UMA QUEDA: Diga a seu patrão que eu mandei dizer que nós já estamos todos mortos. Tudo bem? Fale assim: o senhor que pediu duas refeições de 89 francos, uma garrafa de Bordeaux de 78 francos e uma garrafa de água de 15 francos está morto. Ele está morto e morto não tem mais conta para pagar, certo? Vá lá falar tudo isso para ele.

O GAROTO: Tá bom.

O HOMEM PARA QUEM O NASCIMENTO FOI UMA QUEDA: Bem, onde é que nós estávamos mesmo?

A MULHER DESCALÇA (*chorando*): Você nos disse que o nascimento o privou de tudo o que você tinha começado a amar... Que uma parte de nossa identidade tinha ficado para sempre no ventre vazio onde você teve seu primeiro ninho... E que esse ninho parecia seguro, tão seguro, esse ninho que era o corpo de sua mãe! Céu, ninho e passarinho eram uma só entidade...

O HOMEM PARA QUEM O NASCIMENTO FOI UMA QUEDA: O quê? Fui eu que falei tudo isso? Senhora, a senhora tem certeza? É verdade que tenho uma memória muito ruim para o futuro, para o que *quero* dizer, para o que tenho a intenção de dizer, para o que não disse, mas que será dito... Mas a esse ponto...

(*O garoto volta.*)

O GAROTO: Senhor...

O HOMEM PARA QUEM O NASCIMENTO FOI UMA QUEDA: Sim?

O GAROTO: Lamento, mas meu patrão diz que morto também tem que pagar.

(*Escurece a cena.*)

(*Ou outra maneira de marcar a passagem do tempo.*)

12

O mendigo com *walkman* perto da máquina de bebidas.
Tem roupas limpas.
Aproximadamente seis horas da manhã.

O MENDIGO COM *WALKMAN* (*para os transeuntes invisíveis, escutando sua música*)**:** Meu cachorro me abandonou... Sim, senhora, sim, senhor, eu vivia para meu cachorro e meu cachorro me abandonou... Por causa de uma pequena falha galáctica... Sim, não me deem nada, senhora, é proibido... E, de todo modo, não tenho necessidade de nada, já que perdi meu cachorro... Não, senhora, não, senhor, por favor, a vida é bela, mas eu perdi meu cachorro... Meu único amigo, meu único companheiro... Não, não tenho necessidade de nada, de nada... É muito tarde, perdi meu cachorro, é muito tarde... Meu cachorro me abandonou... Não, não, não... Tenho minha música, tenho meu *walkman*, mas não tenho mais meu cachorro... Eu nunca estava sozinho, mas é assim na galáxia... Quando a coisa aperta, seu cachorro te abandona... Oh, meu Deus... Oh... Estou triste, estou cansado, perdi meu cachorro... Tudo o que quero é que me deixem em paz... (*Para si mesmo.*) Mas não é possível, com essa gente. Mas onde vocês estão, merda? Saiam! Estou falando com vocês... Hoje estou triste, senhores e senhoras, estou triste... Porque perdi meu cachorro... Ele me abandonou... Sim, meu único amigo, ele me abandonou...

A MÁQUINA DE BEBIDAS (*com uma voz mecânica*): Psssst... Senhor...

O MENDIGO COM *WALKMAN*: Ele desapareceu... Se foi... Sumiu...

A MÁQUINA DE BEBIDAS: Senhor...

O MENDIGO COM *WALKMAN*: O quê?

A MÁQUINA DE BEBIDAS: Senhor... Por favor...

O MENDIGO COM *WALKMAN* (*na direção da máquina de bebidas*): Você está falando comigo?

A MÁQUINA DE BEBIDAS: Sim, é com você que estou falando... Mas não entre em pânico.

O MENDIGO COM *WALKMAN*: Mas onde você está?

A MÁQUINA DE BEBIDAS: Estou atrás de você... Mas não precisa entrar em pânico... Tudo o que quero é trocar algumas palavras com você...

O MENDIGO COM *WALKMAN*: Merda! Mas quem é você? Não estou vendo ninguém.

A MÁQUINA DE BEBIDAS: Sou a... máquina de bebidas...

O MENDIGO COM *WALKMAN*: Ah, bom!

A MÁQUINA DE BEBIDAS: Sim. Está me vendo agora?

O MENDIGO COM *WALKMAN*: a senhora quer dizer... A senhora é esse negócio gordo aí? É você?

A MÁQUINA DE BEBIDAS: É, só eu. Mas fique tranquilo, tá certo?

O MENDIGO COM *WALKMAN*: Ah, bom! Agora mais essa... Essa agora, essa é a maior! Essa sim, escute, agora você me pegou. Bravo! Isso é uma performance, gosto bastante disso...

A MÁQUINA DE BEBIDAS: Tenho medo de te dar medo.

O MENDIGO COM *WALKMAN*: Não, senhora máquina, nunca entro em pânico. E, se por acaso entro em pânico, então falo "merda!". Você está me entendendo?

A MÁQUINA DE BEBIDAS: Sim.

O MENDIGO COM *WALKMAN*: Bem, então, merda!

A MÁQUINA DE BEBIDAS: Obrigada por ter me respondido.

O MENDIGO COM *WALKMAN*: De nada, senhora máquina. Você está bem, senhora máquina?

A MÁQUINA DE BEBIDAS: Não sei. Me sinto um pouco em pânico.

O MENDIGO COM *WALKMAN*: Ah bom! E o que é que te aflige, senhora máquina?

A MÁQUINA DE BEBIDAS: Toda essa história de implosão do sol e toda essa gente que está flanando por aí sem fazer nada... E que não compra mais nada para beber... Tudo isso me deixou um pouco abalada.

O MENDIGO COM *WALKMAN*: Saquei.

A MÁQUINA DE BEBIDAS: Você acha que é verdade?

O MENDIGO COM *WALKMAN*: Como?

A MÁQUINA DE BEBIDAS: A história da implosão... Quer dizer, você acha que é mesmo o fim?

O MENDIGO COM *WALKMAN*: Bem, como posso explicar... É que você não está perguntando para uma pessoa muito indicada. Porque eu não estou nem aí mesmo se é o fim ou não.

A MÁQUINA DE BEBIDAS: Você quer alguma coisa para beber? Estou te oferecendo.

O MENDIGO COM *WALKMAN*: Ah, bom. Por que não? O que é que você tem aí?

A MÁQUINA DE BEBIDAS: Tenho Coca-Cola, Fanta, tenho ainda algumas garrafas de Perrier... Tem Sprite, mas isso não é muito bom, não aconselho tomar.

O MENDIGO COM *WALKMAN*: E não tem uma cervejinha perdida por aí? Hein? Uma latinha de cerveja, perdida aí no meio?

A MÁQUINA DE BEBIDAS: Não, desculpe. De verdade, mil desculpas, mas isso eu nunca vendi.

O MENDIGO COM *WALKMAN*: Bom, então pego uma Coca-Cola (*A Máquina de bebidas "cospe" uma Coca-Cola.*

O mendigo abre a lata e bebe.) Então, diga aí, você se preocupa com a espécie humana, hein?

A MÁQUINA DE BEBIDAS: Bem, veja você, é difícil de explicar... É que estou habituada, apesar de tudo... E se é verdade... O sol... A implosão e tudo mais... Na verdade, seria uma pena...

O MENDIGO COM *WALKMAN*: Seja como for, mais dia menos dia tinha que acabar. Por que não agora? Agora teremos uma noite sem fim. É isso aí. Descanso...

A MÁQUINA DE BEBIDAS: É engraçado, mas, sabe, é justamente isso que me amedronta, porque eu, eu não tenho o sentido da duração... É louco, mas nunca fiz a distinção entre um dia e outro... O começo e o fim de um dia, isso eu nunca entendi... Na verdade, para mim, os dias comuns não terminam jamais. Ou, se você quiser, eu era incapaz de captar o momento do encadeamento, ali onde um dia se amarra ao outro... É a única coisa que me escapa da aventura humana, o tempo... Gostaria de te fazer uma pergunta besta... Os dias que não terminam jamais são muito longos?

O MENDIGO COM *WALKMAN*: Ai, claro... É certo que os dias que não se terminam jamais são muito longos...

A MÁQUINA DE BEBIDAS: Eles são mais longos que os dias que terminam tarde demais? Porque percebi que tem aqueles dias que não terminam nunca e tem aqueles dias que terminam tarde demais...

O MENDIGO COM *WALKMAN*: Sim, sim... Mais longos... Isso se vê a olho nu...

A MÁQUINA DE BEBIDAS: Nesse caso... Bem, tenho medo que você não acredite em mim, mas, nesse caso, acredito que todos os dias que não terminam nunca devem ser também mais longos que os dias que não têm fim...

O MENDIGO COM *WALKMAN*: Claro que acredito! Por que não acreditaria? É lógico.

A MÁQUINA DE BEBIDAS: Veja você, é exatamente por isso que estou terrivelmente ansiosa. Para mim, os dias que não terminam nunca eram quase sem começo.

O MENDIGO COM *WALKMAN*: Interessante.

A MÁQUINA DE BEBIDAS: Eles estavam, como posso dizer, simplesmente estavam aí... Eu acordava, mesmo se não dormia nunca, e eles estavam aí. Você está me entendendo?

O MENDIGO COM *WALKMAN*: Claro que sim.

A MÁQUINA DE BEBIDAS (*começa a chorar, os efeitos mecânicos são ainda mais fortes*): Eles se arrastavam diante de mim... Em mim... Ao redor de mim... Os segundos inchavam até virar minutos... Os minutos se desenrolavam depressa até virar horas... As horas estufavam até virar dia... A manhã durava tanto quanto uma estação... O universo ficava quase imóvel, o vento não soprava mais, ninguém dizia mais nada, a luz ficava mais pesada... Pouco a pouco o dia se dilatava, as coisas perdiam suas formas. Elas derretiam e escorriam pelo chão... Você me entende, o tempo, era isso para mim... E agora?

O MENDIGO COM *WALKMAN*: Mas garanto que para você nada vai mudar.

A MÁQUINA DE BEBIDAS: Você acha?

O MENDIGO COM *WALKMAN*: Eu afirmo. É garantido e certo.

A MÁQUINA DE BEBIDAS: Não sei, não. Não sei, não. Estou desesperada... Definitivamente desesperada. É o momento mais negro da minha vida. Antigamente, eu olhava as pessoas passando na rua... O tempo só se acelerava quando alguém comprava uma bebida. Entre uma latinha comprada e a próxima eu ficava feliz...

(*O mendigo com* walkman *arrota.*)

O MENDIGO COM *WALKMAN*: Vou te interromper por um minuto... Será que você teria outra Coca?

A MÁQUINA DE BEBIDAS (*"cospe", chorando, mais uma lata de Coca-Cola*): Sim, era assim... O dia que não terminava nunca me invadia, penetrava por baixo da minha pele, no meu cérebro, no meu coração, em todas as células metálicas da minha matéria mais ou menos viva... Eu também ia ficando cada vez mais mole, cada vez mais leve... E o dia me levava com ele, como uma geleira, numa direção incerta, rumo ao infinito, rumo ao nada, rumo à esperança... Gostava bastante desses dias que não acabavam mais. Pois mesmo os gestos dos meus clientes se tornavam intermináveis e, quando pensavam em qualquer coisa, as palavras não se separavam mais no fluxo dos seus pensamentos. Suas palavras colavam umas nas outras e seus pensamentos desbotavam, se decompunham, se transformavam num tipo de gelatina espiritual... E eu sentia tudo isso e um magma sutil me envolvia no calor da ausência de sentido... E agora? O que é que vai acontecer comigo? O que vai acontecer? Não haverá mais dias mesmo?

O MENDIGO COM *WALKMAN*: Fique calma. Para você não vai haver grandes mudanças.

A MÁQUINA DE BEBIDAS: Você acha?

O MENDIGO COM *WALKMAN*: Sim. Você gosta de música?

(*Um cachorro late em algum lugar.*)

(*Ou outra maneira de marcar o tempo que passa.*)

13

No escuro.
Aproximadamente cinco horas da manhã.

PAPARAZZO 1 (*ao telefone*): Ela está aqui, chefe.

A VOZ DO CHEFE: O quê?

PAPARAZZO 1: Baixinho, chefe. Não quero que ela acorde. Ela está aqui comigo.

A VOZ DO CHEFE: Como assim?

PAPARAZZO 1: Desci agora pouco, chefe, para a casa dela, no jardim. Ainda tinha comida e cerveja, eu não aguentava mais, chefe, estava com uma sede. E então ela me viu e se jogou nos meus braços. É isso aí.

A VOZ DO CHEFE: E onde você está agora?

PAPARAZZO 1: Na casa dela, chefe. Coloquei ela pra dormir no quarto e agora ela está dormindo. Ela estava desmaiando, acho que teve uma noite agitada na cidade. Deve ter me confundido com alguém, mas não faço ideia de quem. O que é que eu faço agora, chefe?

A VOZ DO CHEFE: Deixa disso, Mário, fique focado na história do sol.

PAPARAZZO 1: Como assim?

A VOZ DO CHEFE: Quero uma bela foto do sol, você está me entendendo? Volte para casa, aponte a merda das máquinas para o horizonte e para o céu. E se essa merda desse sol se levantar do mesmo jeito, tire uma foto imediatamente. Quero algumas belas fotos dessa merda desse sol, se por acaso ele se levantar mesmo, sacou? Se por um acaso ele se levantar, vou fazer uma edição especial com um belo amanhecer na primeira página. Sacou?

(*Um trem passa ao longe.*)

(*Sons anasalados dos patos.*)

(*Ou outra maneira de marcar a passagem do tempo.*)

14

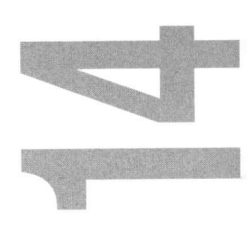

Na rua, perto da máquina de bebidas. A cena está iluminada pela chama de uma vela. O homem com o violoncelo, o homem com o saxofone e a garota com a flauta tocam seus instrumentos. Eles tocam mal, lutando contra o sono, pois estão mortos de cansaço. Mas se esforçam para continuar a tocar, apesar de estarem visivelmente a ponto de cair. Aproximadamente oito horas da manhã.

A MÁQUINA DE BEBIDAS (*depois de escutar longamente a música, suspirando, com uma voz metálica*): Oh, meu Deus... Como isso é bonito!

(*Os três músicos param um instante, olham-se, olham em volta e continuam a tocar.*)

(*Ou outra maneira de marcar a passagem do tempo.*)

A Mulher
como Campo
de Batalha

ou

Do Sexo da Mulher como Campo de Batalha na Guerra da Bósnia

DORRA, *que fala com um sotaque do Leste Europeu*

KATE, *que fala com um sotaque anglo-saxão*

AS PERSONAGENS

A Mulher como Campo de Batalha foi criada em 10 de julho de 1997 no Théâtre des Roues, em Avignon, e foi retomada em 12 de dezembro de 1997 no Studio des Champs Elysées, em Paris, com direção de Michel Fagadeau e com Judith Ellison e Liane Pulga. Cenografia e figurino de Andra Badulesco; iluminação de Laurent Béal; trilha sonora de Bernard Guillaumat.

Kate lê fragmentos do seu diário.

KATE: Nas guerras interétnicas, o sexo da mulher se torna um campo de batalha. Foi o que se viu na Europa do final do século XX. O pênis do novo guerreiro está encharcado do grito das mulheres violadas, como outrora a faca do cavaleiro, do sangue do seu adversário.

Tentativa de utilização de conceitos da psicanálise na autópsia do horror. Poderíamos talvez compreender melhor a violência entre etnias se for traduzida em linguagem freudiana. Algumas noções vinculadas ao universo das pulsões esclarecem melhor o universo da violência nacionalista do que a terminologia clássica.

Veremos se os conceitos seguintes poderiam explicar melhor as causas da violência étnica na Bósnia.

Libido nacionalista.

Nacionalismo libidinoso.

Sadismo infantil étnico.

O universo fantasmático de uma minoria nacional.

Neurose nacional.

A neurose narcísica da etnia majoritária.

A neurose obsessiva da etnia minoritária.

Pulsão nacionalista. Pulsão de domínio, pulsão de agressão, pulsão de destruição.

Hospital de Slavonski Brod,
Croácia, maio de 1994.

> Kate entra. Dorra está paralisada na sua cadeira,
> com o olhar perdido.

KATE: Bom dia.

DORRA: ...

KATE: Sou eu, Kate.

DORRA: ...

KATE: Está um dia bonito hoje.

DORRA: ...

KATE: Tem gente passeando no jardim.

DORRA: ...

KATE: Se você quiser passear no jardim, vou com você.

DORRA: ...

KATE: Não estou pedindo para você me responder.

DORRA: ...

KATE: Mas, se você quiser passear no jardim, vou com você.

DORRA: ...

KATE: Ou você pode também ir sozinha, se você preferir.

DORRA: ...

KATE: Faça como você quiser.

DORRA: ...

KATE: Vou abrir uma janela...

DORRA: ...

KATE: Você está sentindo no ar que a primavera chegou?

Kate lê fragmentos do seu diário.

KATE: Será que os grupos étnicos que nunca tiveram um país próprio seriam os mais expostos à barbárie? Será que eles têm maior probabilidade do que outros povos de ser alvo de sadismo primitivo?

Simetria espantosa entre a maneira pela qual os grupos étnicos se afundam num sadismo nacionalista e a descrição freudiana do sadismo infantil.

Será que as etnias que nunca tiveram um Estado nacional reagem de alguma maneira como seres que não atingiram o estágio da sublimação de sua libido sexual?

Primeira impressão: as manifestações da frustração nacionalista têm muito em comum com as manifestações da frustração sexual. Dentro dessa lógica, a eclosão do delírio nacionalista poderia ser analisada como uma pulsão de frustração, por meio dos conceitos de Freud.

Vamos ver se os conceitos seguintes podem explicar alguma coisa:

Desenvolvimento da angústia do grupo étnico.

Impulso nacionalista. Depressão nacional. Nacionalismo depressivo.

A neurose fóbica das etnias que dividem o mesmo território.

A neurose de destino e a neurose de fracasso.

A neurose étnica de abandono.

Campo de Doboj,
Bósnia, junho de 1994.

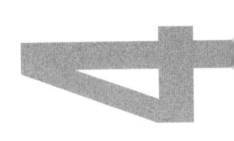

Kate entra. Dorra está paralisada na sua cadeira.

KATE: Sei que você está me escutando.

DORRA: ...

KATE: Sinto que você me escuta.

DORRA: ...

KATE: Aliás, é exatamente por isso que estou falando com você.

DORRA: ...

KATE: Porque sei que você está me escutando.

DORRA: ...

KATE: Não peço que me responda.

DORRA: ...

KATE: Não estou pedindo nada para você.

DORRA: ...

KATE: Meu nome é Kate.

DORRA: ...

KATE: Você, você é Dorra.

DORRA: ...

KATE: Bom dia, Dorra.

DORRA: ...

KATE: Eu sou Kate. Bom dia, Dorra.

DORRA: ...

KATE: É um nome bonito, Dorra.

DORRA: ...

KATE: O que você quer comer no almoço?

DORRA: ...

KATE: Quer que eu leia o cardápio para você?

DORRA: ...

KATE: Tem algumas sopas... Tem sopa de abobrinha... Creme de legumes... Tem lasanha com recheio de chucrute... Eu, eu adoro sopa. Não sou totalmente vegetariana, mas gosto muito de sopa... Vou deixar o cardápio em cima da mesa. Você pode marcar o prato que quiser... E a sobremesa também... Tudo bem?

DORRA: ...

KATE: Tchau, Dorra.

Kate lê fragmentos do seu diário.

KATE: E se o nacionalismo não for mais do que uma das formas da pulsão suicida?

Será que há povos melancólicos?

Histeria nacionalista. Histeria de grupo. Histeria étnica de defesa. A identificação com o agressor.

Os frustrados da história. Deformação do sonho. Povo limítrofe. Cisão do eu.

A pulsão sexual e a libido nacionalista podem ser conceitos úteis para a compreensão de atos de estupro nas guerras interétnicas.

O guerreiro balcânico de nossos dias. Retrato. Alfabetizado. Escolarizado. Muito frequentemente com ensino médio completo e até mais. Fascinado pela abundância ocidental. Seu sonho: ir morar na Alemanha ou nos Estados Unidos. Fala um pouco de inglês, arranha o alemão, sabe algumas palavras de italiano e de francês e sabe conversar em russo. Tanto grosseiro quanto melancólico. Anticomunista, mas nostálgico do período de "estabilidade". Bebe demais, tudo o que lhe cai nas mãos. Infortúnio confesso: ele não tem país, não lhe deram um país, lhe roubaram seu país, ocuparam seu país, amputaram seu país, humilharam seu país. E sempre: o Ocidente o esqueceu, o Ocidente não honrou suas promessas, o Ocidente o traiu, o Ocidente é uma prostituta.

Luta em nome do seu povo que jamais teve um país. Mas ele não tem adversário preciso. Não tem um campo de batalha claramente circunscrito.

Vamos ver se esses conceitos poderiam explicar alguma coisa:

A fuga para a barbárie.

A frustração ancestral.

Os fantasmas do guerreiro.

O guerreiro encontra finalmente sua condição ideal na frustração (portanto, na guerra). É exatamente a análise de Freud sobre o caso dos sujeitos frustrados que ficam doentes exatamente no momento em que conseguem o objeto do seu desejo.

Modrica,
Bósnia, agosto de 1994.

Dorra, sozinha em sua cama à noite, encolhida embaixo das cobertas.

DORRA: Eu te odeio. Eu te odeio. Eu te odeio. Eu te odeio. Eu te odeio. Eu te odeio. Eu te odeio. Eu te odeio. Eu te odeio. Eu te odeio. Eu te odeio. Eu te odeio. Eu te odeio. Eu te odeio. Eu te odeio. Eu te odeio...

(*Pausa. Levanta, desce da cama, vai ao lavabo, abre a torneira, enche o copo de água e bebe. Volta para a cama, se cobre com as cobertas.*)

Eu te odeio. Eu te odeio. Eu te odeio. Eu te odeio. Eu te odeio. Eu te odeio. Eu te odeio. Eu te odeio. Eu te odeio. Eu te odeio. Eu te odeio. Eu te odeio. Eu te odeio. Eu te odeio. Eu te odeio. Eu te odeio...

Kate entra no quarto de Dorra.

KATE: Ficha de observação número um. O sujeito sofre de uma neurose traumática. *Traumatic neurosis* em inglês, *traumatische Neurose* em alemão, *nevrose traumatica* em italiano. A causa dessa neurose traumática é o estupro que o sujeito sofreu há mais ou menos duas semanas. Aparentemente não houve lesão neurológica.

Estado do sujeito: confusão mental, prostração, paralisia traumática. O sujeito não responde aos estímulos do mundo exterior. Como se obstina em não responder às minhas perguntas, deduzo que compreende o que eu lhe digo.

Dorra, de joelhos, como se estivesse rezando uma oração.
Em voz baixa.

DORRA: Eu te odeio... Eu te odeio... Eu te odeio...

Não, não me diga que o tempo cura tudo... Não acredito que o tempo possa curar tudo. O tempo só pode curar as feridas curáveis. E pronto. O tempo só pode fazer o que ele pode fazer e pronto. Nada mais do que isso.

Não, Senhor, você não pode nos defender daquele que é perverso.

Não, Senhor, você não pode nos dar o pão nosso de cada dia.

Não, Senhor, você não pode nos perdoar porque não pedimos o seu perdão, nós não podemos lhe perdoar.

Não, Senhor, sua vontade, não podemos aceitá-la porque sua vontade é de sangue, de fogo e de loucura.

Não, Senhor, você não é nossa verdade, porque a verdade, nós a matamos, porque a verdade, nós a enterramos com o céu que não existe mais, nem ele, porque sua casa, Senhor, ela é agora a casa dos mortos, sim...

Não, Senhor, os perversos não serão jamais punidos e são eles que dominarão o mundo.

Não, Senhor, não há vitória do bem sobre o mal, do frágil sobre o forte, do pobre sobre o rico, do que tem fé sobre o que não tem fé, da vida sobre a morte, da beleza sobre a feiúra...

Não, Senhor, não posso lhe contar meu sofrimento.

Não, não acredito que se possa contar tudo.

Não acredito que a gente possa compreender tudo.

Não acredito que haja um sentido em tudo o que se conta.

Não acredito que haja um sentido no que eu digo.

Kate na cabeceira de Dorra.

KATE: Ficha de observação número dois. O sujeito sofre de uma alteração do eu. *Alteration of the ego*, em inglês. *Ichveränderung*, em alemão. *Modificazione dell'io*, em italiano.

O sujeito encontra refúgio no silêncio e coloca uma verdadeira resistência a toda tentativa exterior de comunicação. Essa performance comportamental não é senão um mecanismo de defesa. Toda tentativa de entrar em comunicação com o sujeito é percebida por ele como uma agressão. Para o sujeito, o estupro continua.

Dorra sozinha à noite. Levanta, vai ao lavabo, abre a torneira, enche um copo d'água. Olha-se no espelho. Lava o rosto. Canta uma canção. Quase não se escuta a letra da canção. Kate entra. Dorra continua a se olhar no espelho e a cantar.

KATE (*para o público*): O novo guerreiro dos Bálcãs viola a mulher do seu inimigo étnico e assim dá um golpe de misericórdia em seu inimigo étnico. O sexo da mulher do seu inimigo étnico se torna um campo de batalha total. Em nenhum outro lugar, o ódio étnico se manifesta de modo tão brutal quanto nesse "novo" campo de batalha. O novo guerreiro não se expõe às balas, às bombas, aos tanques. Ele só se expõe aos gritos das mulheres. Mas isso só faz aumentar sua vontade de servir à pátria e ele vai até o fim. O novo campo de batalha do novo guerreiro: o sexo da mulher do seu antigo vizinho. O sexo da mulher de seu antigo colega de escola, o sexo da mulher do seu próximo, que ele teve de chamar de "irmão" durante quase meio século.

A força que obriga as etnias a confraternizar: bomba-relógio. É a verdadeira pólvora dos Bálcãs. Daí aquela perene frustração nacional. A revanche freudiana dos povos que nunca tiveram país. O sexo da mulher como campo de batalha: os combatentes se jogam nele de algum modo como se fosse um golpe de misericórdia.

(*Dorra continua a cantar diante do espelho.*)

Hoje em dia, nas guerras étnicas, o estupro é uma forma de guerra-relâmpago. Nada pode desestabilizar com mais eficácia o inimigo étnico do que quando se viola sua mulher.

Mais da metade das mulheres violadas no contexto das guerras interétnicas foram vítimas de agressores, ou que elas conheciam, ou que encontravam pelas ruas num perímetro de menos de sessenta quilômetros.

Aproximadamente metade das mulheres que pudemos entrevistar declarou que os homens que as violaram são habitantes da mesma cidade ou de cidades vizinhas.

Quase um quarto das mulheres com quem pudemos conversar pôde dar o nome ou os nomes de seus agressores.

Parece que muitas mulheres casadas com homens de etnia diferente da sua foram violadas por agressores da mesma etnia que elas, como punição por seu casamento misto.

(*Dorra continua a cantar diante do espelho.*)

Para um novo guerreiro, o estupro da mulher do seu inimigo étnico tem o gosto da vitória completa sobre seu adversário.

Nas guerras interétnicas, o sexo da mulher encarna a resistência. O novo guerreiro estupra para quebrar essa resistência. Ele pensa dar assim um golpe de misericórdia em seu adversário.

Depois de ter posto ao abrigo sua mulher, sua filha, sua mãe, sua irmã, o combatente se lança na perseguição da mulher, da filha, da mãe, da irmã do seu adversário.

Muito frequentemente, o novo guerreiro não procura ficar frente a frente com seu inimigo declarado, membro de outra etnia.

Antes de ficar frente a frente, o guerreiro interétnico espera poder destruir a fonte de vitalidade do seu adversário. E essa fonte, ele a conhece bem. Pois ele foi vizinho do seu inimigo, trabalhou no mesmo lugar que seu inimigo, foi até muitas vezes convidado para a casa do seu inimigo, conhece todos os membros da família do seu inimigo, conhece todos os costumes dos seus inimigos. Para resumir, com seu inimigo sendo seu irmão, o guerreiro sabe que as mulheres que rodeiam seu inimigo são ao mesmo tempo sua fonte de vitalidade e seu ponto mais frágil. Os combatentes não violam por puro prazer selvagem ou por causa da tentação sexual. O estupro é uma forma de estratégia militar para desmoralizar o inimigo. O estupro, no caso concreto das guerras interétnicas na Europa, tem o mesmo objetivo que a destruição das casas do inimigo, das igrejas ou dos lugares sagrados do inimigo, dos seus vestígios culturais e dos seus valores.

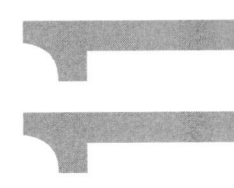

Kate entra. Dorra fica paralisada na cadeira.

KATE: Bom dia, Dorra.

DORRA: ...

KATE: Sou eu, Kate.

DORRA: ...

KATE: Acendemos um grande fogo na lareira do salão.

DORRA: ...

KATE: Você quer descer para o salão?

DORRA: ...

KATE: Se você quiser vir para o salão, saiba que é muito bem-vinda.

DORRA: ...

KATE: Você gosta de lareira?

DORRA: ...

KATE: É bonito o fogo na lareira.

DORRA: ...

KATE: Está todo mundo lá.

DORRA: ...

KATE: Venha, se você quiser.

DORRA: ...

KATE: Ou, se preferir que eu fique com você, é só me dizer.

DORRA: ...

KATE: A campainha está aqui para você, Dorra. Se quiser que eu venha ficar com você é só tocar, está bem?

DORRA: ...

KATE: Eu sei que você está me escutando.

DORRA: ...

KATE: Não sou médica, Dorra. Não falo como médica. Não estou aqui para forçá-la a se curar.

DORRA: ...

KATE: Estou aqui porque preciso de você.

DORRA: ...

KATE: Tchau, Dorra.

12

DORRA (*para o público*): Nos Bálcãs é assim. Uma pólvora sentimental. Nos Bálcãs, as pessoas sabem beber. Vejam só, a gente não se viu por três semanas, é muito tempo, é insuportável, vamos beber umas e outras. E a gente bebe até de madrugada. Porque nos Bálcãs, quando se é amigo, não se suporta não se ver por três semanas. Qualquer pretexto é válido para beber até as cinco horas da madrugada. Não nos vimos há uma semana, ulalá, faz um tempão, vamos beber umas e outras. E aí a gente bebe até meia-noite. Para que a separação de dois amigos seja suportável, temos que beber um pouco todos os dias. E assim é, se a gente bebe todo dia depois do trabalho, entre seis e dez horas da noite, ainda dá, a gente ainda volta para casa e passa uns quinze minutinhos com as crianças. Ou com sua mulher. Que, por sua vez, é parideira e ponto. Ela só sabe bater boca com o marido quando ele volta da rua. Aliás, é por isso que o marido chega tarde e sai cedo. De manhã, ele está com ressaca. Aí ela aproveita o que considera a melhor hora para dar bronca. De noite, ela não tem coragem de falar tudo. De noite, o sentimento da honra ainda é muito forte entre os homens dos Bálcãs. De noite, se ela pisa muito forte no acelerador da bronca, ele se irrita e bebe mais uma. Ou duas. Ou três. Pois de noite, depois de beber com os amigos, o homem dos Bálcãs fica subitamente melancólico. Sua alma está ferida. As grandes questões metafísicas começam a atormentá-lo, a torturá-lo. Você não entende nada de história, minha nega. Não, ela não compreende nada mesmo. Ela não consegue entender que seu homem seja tomado por uma melancolia ancestral. Ela não consegue entender que seu homem de repente se pergunta sobre o sentido da existência. De onde viemos, para onde vamos? Porra, o mundo não faz sentido. À noite, depois de ter esvaziado dezenas de garrafas de cerveja de meio litro com seus amigos, o homem dos Bálcãs está desesperado pela fragilidade semântica da linguagem. Ele mija e chora. Ele mija lágrimas de angústia, de dor axiológica, de impotência da espécie humana diante do grande mistério cósmico. Ele também vai vomitar, mas mais tarde, lá pelas três da manhã, quando a dor de cabeça fica insuportável por causa desses canalhas que fazem cerveja com malte estragado. (*Ela começa a representar o "homem dos Bálcãs".*) Pois no comércio só tem ladrão. E bandido. Para beber uma boa cerveja, tem que ser estrangeira. E, mesmo assim, é preciso olhar bem para ver se o rótulo não foi falsificado. Pois, hoje em dia, todos os produtos são falsificados. É por isso que esse país não vai para frente. Porque somos todos ladrões e falsificadores. Falsificamos nossa história, falsificamos nosso futuro, não temos mais esperança, perdemos o último trem, somos os mendigos da Europa, somos uma nação de ciganos, não sabemos nem mesmo qual é nossa origem, nunca fomos livres, nunca tivemos um Estado verdadeiro, nunca fomos independentes, nunca sairemos do comunismo, o comunismo nos afetou até a raiz dos cabelos, não temos... (*O "homem dos Balcãs" vomita.*) Ploft... (*Pausa. Dorra volta a ser ela mesma.*) Às três horas da manhã, põe a mão no peito da sua mulher... Precisa de calor, precisa que ela o acaricie enquanto ele verte as lágrimas de sua amargura cívica transcendental, cósmica... Deita a cabeça no peito de sua mulher, pois esse peito é tão quente, tão doce, tão acolhedor que recorda sua mãe... Oh, sua mãe, o único ser no mundo que sempre o compreendeu, que sempre o amou, que sempre teve confiança nele... Procura nos braços de sua mulher que o atormenta o ninho seguro que tinha nos braços da mãe. E ele sangra em sua alma, porque nunca mais viu sua mãe desde o casamento de sua irmã, porque sua mãe envelheceu, porque sua mãe mora longe, porque sua mãe morreu há dois anos, porque sua mãe morreu há dez anos, porque sua mãe o deixou quando ele tinha só cinco anos... Você se dá conta da infância que eu tive? Privado do amor materno desde os cinco anos de idade? (*Dorra entra de novo na pele do "homem dos Bálcãs".*) Você se dá conta? Merda, você não entende nada, você nem liga, você só quer saber que eu te mande meu salário, todo mês, na hora que eu recebo, e me ver trancado em casa... (*Mudança de tom.*) Sim, às três horas da manhã, o homem dos Bálcãs é um ser frágil, que se deve tratar com muito cuidado custe o que custar, pois senão sua alma corre o risco de se estilhaçar em mil pedaços. Mas a bronca pode vir depois, quando ele se levanta para ir ao trabalho. Entre sete e oito horas, quando ele se barbeia vagarosamente na frente do espelho, no qual ele não se reconhece, a mulher pode enfim lhe dizer: "Olhe bem para você, pode-se dizer que não é você, nem você mesmo se reconhece mais... Olhe o estado em que você está, olhe como você voltou, olhe sua camisa, olhe sua calça descosturada, olhe as manchas, porque você faz isso comigo, eu e os meninos, você nem liga, por que, por que você faz isso com a gente?". Com a ressaca, ele não consegue responder, ele não vai responder, vai continuar arrasado pelo bode que o separa do mundo exterior como se fosse uma redoma, vai beber um café preto, muito preto e muito forte, sem comer nada porque de manhã, quando a gente está de ressaca, a comida não passa... E depois ele vai para o trabalho sem falar nada, sem nem olhar para sua mulher, sem nem olhar direito para seus filhos, terrivelmente enjoado dentro da camisa limpa e bem passada que a mulher o obrigou a colocar. Aquela camisa limpa que ele vai usar o dia inteiro será como uma silenciosa reprimenda de sua mulher, uma repreensão que sua mulher colou na sua pele, pesada de usar, impossível de esquecer, uma espécie de gaiola, que o lembra, a cada gesto, que ele é um eterno prisioneiro e que tem muitas bocas para alimentar, incluindo a sua própria.

13

DORRA: Você quer que eu te conte como fui violada?

KATE: Não, Dorra.

DORRA: Quer sim, você quer saber como eles me violaram.

KATE: Não, Dorra. Não quero que você me conte nada.

DORRA: Quer sim, você quer saber todos os detalhes de como fui violada.

KATE: Não, Dorra. Não quero que você me conte isso.

DORRA: Claro que quer, para colocar no seu relatório.

KATE: Não tenho nenhum relatório a fazer, Dorra.

DORRA: Claro que tem. Você faz relatórios para a clínica psiquiátrica de Boston.

KATE: Não, Dorra, não faço relatórios para a clínica psiquiátrica de Boston.

DORRA: Mas você trabalha para a clínica psiquiátrica de Boston. Você é americana. Você se chama Kate.

KATE: Sou americana e me chamo Kate, mas não faço relatórios para a clínica psiquiátrica de Boston.

DORRA: Eles eram cinco.

KATE: Não quero saber de nada, Dorra.

DORRA: Você é de Boston.

KATE: Sim.

DORRA: Eles eram cinco.

KATE: Não quero saber de nada, Dorra.

DORRA: Você mora em Boston. Você vai voltar logo para Boston.

KATE: É verdade que moro em Boston, mas não vou voltar logo para Boston.

DORRA: Eles eram cinco, mas não sei se eles eram muçulmanos, croatas ou sérvios. Você sabe que na Bósnia todos falam servo-croata.

KATE: Tenho que ir agora, Dorra.

DORRA: Pode anotar no seu relatório que eu não sei se eles eram muçulmanos, croatas ou sérvios.

KATE: Tchau, Dorra. Você pode me chamar quando quiser...

DORRA (*chorando*): Volta para sua casa, Kate. Volta para casa!

14

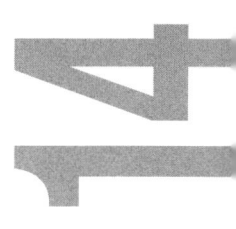

KATE: Ficha de observação número quatro. O sujeito saiu bruscamente do seu estado de prostração. Isso não quer dizer que tenha melhorado. Ele acerta sua conta com o mundo por meio da agressividade. É absolutamente necessário que alguém esteja sempre a seu lado para absorver sua energia negativa.

15

Dorra, Kate.

KATE: Bom dia, Dorra.

DORRA: ...

KATE: Queria falar com você, Dorra.

DORRA: ...

KATE: A gente poderia ser menos formal.

DORRA: ...

KATE: Trouxe umas tulipas.

DORRA: ...

KATE: Mas não sei se você gosta de tulipas.

DORRA: ...

KATE: Posso colocá-las aqui na mesa?

DORRA: ...

KATE: Queria muito falar com você, Dorra.

DORRA: ...

KATE: Amanhã é o dia mais longo e a noite mais curta do ano...

DORRA: ...

KATE: É o solstício de verão...

DORRA: ...

KATE: Vai ter uma festa...

DORRA: ...

KATE: Todo mundo vai sair e vai para o lago.

DORRA: ...

KATE: Se você quiser, a gente pode passear em volta do lago.

DORRA: ...

KATE: Ele é muito bonito, aquele lago. Chama-se Constance.

DORRA: ...

KATE: Tchau, Dorra.

16

KATE (*olhando sua coleção de pedras raras*): Me diga, papai, o que é a Europa? É só um monte de pedras velhas. Me diga, vovô, o que é a Irlanda? É um país de pedras, um país de pedras espalhadas na horizontal. Simplesmente pedras ou pedras velhas? Pedras que não servem para nada. Mas tem alguma pedra que serve para alguma coisa boa? Não, nenhuma pedra serve para nada. Me diga, papai, essa aqui é uma pedra velha? Não, isso é um pedaço de cimento. Mas uma pedra velha, como é que é? Uma pedra velha é muito maior e quase preta...

Bigger than that and almost black... [Maior que essa aí e quase preta...]

Preta como Betty?

No, not as black as Betty. [Não, não tão preta quanto a Betty.]

Quando eu dizia a Betty, minha babá, que a Europa era cheia de pedras pretas, mas não tão pretas quanto a sua pele, ela começava a rir. Ela é muito inteligente, a senhora McNoil.

She's very clever, your daughter. You should have called her Europe. [Ela é muito muito inteligente, sua filha. Você deveria ter dado o nome de Europa para ela.].

Mas eu, eu não me chamava Europa. Me chamava Kate. Me diga, mamãe, o que é que quer dizer Kate? Não quer dizer absolutamente nada.

Nothing? [Nada?]

Nothing.

E eu começava a chorar. Como assim meu nome não queria dizer nada de nada? Mas, claro, quer dizer Kate. E McNoil, quer dizer o quê? Quer dizer McNoil. E porque os McNoil saíram da Irlanda?

What?! [O quê?!]

Sim, sei que você abandonou a Irlanda. Por que você abandonou a Irlanda? O vovô me disse que os McNoil todos se foram da Irlanda.

Go and ask him and let me be! [Vá perguntar para ele e me deixe em paz!]

Vovô, por que você saiu da Irlanda? Porque tinha pedra demais nas minhas terras. Mas quanta pedra tinha em suas terras? Um dia, comecei a contar as pedras que eu tirava das minhas terras. E não parei mais por dez anos seguidos. Todos os dias eu pegava mais ou menos 100 pedras... Por ano, isso dava mais ou menos 36 000 pedras. Por fim, depois de dez anos, tinha recolhido 99 999 999 pedras. E foi então que eu pus um ponto final: já tinha pedra demais.

Too many Stones. And we went to America. [Pedras demais. E fomos para a América.]

Too many stones. That´s Europe. [Pedras demais. Isso é a Europa.]

Pedras demais, isso é a Europa. Um dia, ela vai desaparecer sob o peso de tantas pedras.

Kate faz sua corrida diária. Ela corre no mesmo lugar.

Aliás, ela já começou a desaparecer.

Essa foi, aliás, a primeira imagem que fiz da Europa: uma montanha gigante de pedras, um tipo de *iceberg* de pedras que desaparecem vagarosamente do outro lado do oceano. Mas tinha também, ao pé da montanha, um pequeno jardim com duas ou três árvores frágeis e insalubres... E ali eu via meu avô, munido de uma picareta, agachado em suas terras, para extirpar cem pedras por dia da terra.

Acho que foi por causa dessa imagem que fui parar na Bósnia. Quando me disseram que eu tinha que ajudar as equipes de especialistas a abrir as valas comuns, me veio imediatamente a imagem do meu avô escavando pedras. Somos todos uns escavadores natos, na família McNoil. Mas eu devia escavar cadáveres.

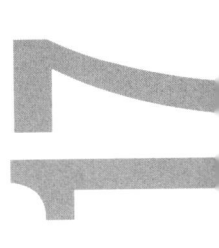

Dorra, Kate

KATE: Bom dia, Dorra.

DORRA: Você mentiu para mim.

KATE: Não menti para você, Dorra.

DORRA: Você não precisa de mim.

KATE: Preciso, sim.

DORRA: Você não precisa de mim.

KATE: Preciso de você, Dorra.

DORRA: O que é que você quer saber de mim?

KATE: Não sei.

DORRA: O que é que você quer compreender?

KATE: Não sei. Só sei é que estou abalada.

DORRA: Você tem filhos?

KATE: Tenho duas filhas que não vejo há seis meses.

DORRA: Você é louca.

KATE: Não.

DORRA: Como é Boston?

KATE: É uma cidade bonita.

DORRA: Você tem fotos?

KATE: De minhas filhas?

DORRA: Não, de Boston.

KATE: Tenho. Trago amanhã as fotos de Boston para você.

DORRA: Tenho horror de pergunta.

KATE: Mas isso não é um interrogatório.

DORRA: É, sim, vocês americanos são muito bons nessa história de psicoterapia... E eu detesto que me façam perguntas.

KATE: Mas eu nunca fico perguntando nada para você.

DORRA: Você finge não me interrogar, mas você me tortura com suas técnicas sutis de terapia.

KATE: Eu juro para você que não venho aqui como médica.

DORRA: Você, você é muito boa em psicoterapia.

KATE: Você deve viver, Dorra.

DORRA: Não tenho certeza se que quero viver, Kate.

KATE: Você precisa viver, Dorra.

DORRA: O que você acha que eu devia fazer não me interessa a mínima. Não me venha com todas essas besteiras desses clichês sobre a vida ser mais forte e coisas do gênero.

KATE: Não, Dorra.

DORRA: A vida não é a mais forte.

KATE: Não sei.

DORRA: É a morte que é a mais forte.

KATE: Não sei.

DORRA: E é a força bruta que é a mais forte.

KATE: Não sei.

DORRA: Você sabe, Kate, por que ainda estou viva, agora?

KATE: Não... Sim...

DORRA: Porque descobri que Deus existe, Kate.

KATE: Sim.

DORRA: E eu o odeio, Kate. Eu o odeio. *Antes* eu não acreditava que ele existia. Mas, *depois,* eu disse a mim mesma: "Não, tanta atrocidade, não tem sentido, a não ser que Deus tenha desejado isso para se alimentar dessa atrocidade". E a partir daí, sem ter fé, eu o odeio. E é isso que me faz ficar viva. Eu o odeio tanto que não posso morrer. Simplesmente não posso morrer por causa do ódio. Você compreende, Kate. Você tem fé, Kate?

KATE: Não sei.

Dorra começa a arrancar, uma por uma, as pétalas das tulipas que Kate lhe trouxe da última vez.

DORRA: Você não poderá nunca, Kate, me obrigar a viver. Você e suas técnicas, Kate, me dão vontade de rir.

KATE: Eu sei, Dorra.

DORRA: Você é tão ingênua que começo a gostar de você.

KATE: ...

DORRA: Gosto de você, Kate, e porque gosto de você farei alguma coisa por você.

KATE: O quê?

DORRA: Você sabe, Kate, eu sei *como* vou morrer. Mas eu ainda não decidi *quando* vou morrer. Porque você compreende, Kate, porque você é inteligente, Kate, e você compreende que eu não posso viver *desse jeito*. Mesmo assim, como você é simpática, vou te dizer, para você, e só para você, quando vou morrer.

KATE: Quando?

DORRA: Vou te dizer em breve, um dia antes...

KATE: Ficha de observação número cinco. O sujeito alterna momentos de agressividade com momentos em que volta a mergulhar em si mesmo. Esses caprichos são, antes de tudo, um bom sinal, sinal de que ele é capaz de estabelecer uma nova relação com o mundo exterior. É muito cedo para fazer perguntas sobre as circunstâncias que provocaram o traumatismo. Nesse estágio, só se pode testar sua memória por meio de exercícios de paciência.

19

KATE: Bom dia.

DORRA: ...

KATE: Com está, Dorra?

DORRA: ...

KATE: Sabe, tem uma televisão na sala aqui de baixo, você pode ver televisão se quiser.

DORRA: ...

KATE: Trouxe as fotos de Boston. Quer ver?

DORRA: ...

KATE (*põe o álbum na mesa*)**:** Vou deixar aí. Você pode ver quando quiser.

DORRA: ...

KATE: Você quer que eu te mostre?

DORRA: ...

KATE: Te mostro quando você quiser.

DORRA: Kate...

KATE: Sim?

DORRA: Esse lago aqui, é mesmo o lago de Constance?

KATE: Sim.

DORRA: Isso quer dizer que estamos na Suíça?

KATE: Não, na Alemanha. Mas a fronteira suíça está há algumas centenas de metros. A Suíça, você pode vê-la da janela.

DORRA: Onde?

KATE: Venha, vou te mostrar a Suíça. (*Ela leva Dorra até a janela.*) Você está vendo aquelas mansões, lá longe, em cima do morro? Lá, já é a Suíça.

DORRA: Você tem certeza?

KATE: Tenho. E, aqui, estamos na Alemanha. À esquerda é a Alemanha e à direita é a Suíça.

DORRA: E do outro lado do lago?

KATE: Ainda é a Suíça.

(*Pausa.*)

DORRA: Kate...

KATE: Sim, Dorra.

DORRA: Como é que eu vim parar aqui?

KATE: Você foi transferida porque você estava muito doente.

DORRA: Que loucura. Sempre quis ver a Suíça... E a Alemanha...

KATE: E agora você poderá vê-las.

DORRA: Sim. Ela está bem situada, esta janela. Pode-se ver ao mesmo tempo a Suíça e a Alemanha. O que é aquilo, é um hospital?

KATE: É um tipo de casa de repouso.

DORRA: E porque está marcado USA em todo lugar?

KATE: Onde você viu as letras USA?

DORRA (*virando a cadeira*): Aqui. United States of America. E tem também um número de inventário: 6632D. Foram os Estados Unidos que me enviaram a cadeira número 6632D?

KATE: É porque antigamente aqui tinha uma espécie de centro médico do exército americano.

DORRA: Para os loucos?

KATE: Não. Para os doentes em geral.

DORRA: Kate...

KATE: Sim.

DORRA: Quero sair daqui imediatamente.

KATE: ...

DORRA: Você escutou o que eu disse?

KATE: ...

DORRA: Kate!

KATE: ...

DORRA: Kate!!

KATE: Sim...

DORRA: Você escutou o que eu disse?

KATE: Sim...

DORRA (*histérica*)**:** Quero sair daqui imediatamente. Não quero que os Estados Unidos me ofereçam a cadeira 6632D. Não quero esse cobertor 32 507 F. Quero sair daqui agora! Quero sair deste lugar agora! (*Chorando.*) Quero ir embooora...

KATE: Para onde?

20

Dorra e Kate estão comendo juntas. Há flores na mesa e, uma garrafa de vinho *rosé*. Em um clima descontraído, elas acabam ficando um pouco altas e entram numa verdadeira cumplicidade.

DORRA (*comendo*)**:** Depois do primeiro copo, o homem dos Bálcãs desperta para o sentido da história. Num bistrô horroroso onde enchem a cara, que seja em Zagreb, em Belgrado, em Tirana, em Atenas, em Bucareste, em Sofia, em Liubiana ou em Skoppe, o homem balcânico, de uma hora para outra, se torna internacionalista e cheio de generosidade e amor ao próximo. É então que ele julga todo mundo por meio da filosofia do "mas". *Mas* é a palavra-chave da espiritualidade balcânica. É o espelho do pensamento, é o degrau no qual o discurso raso gira para a dialética das nuances.

(*Música cigana. Ou pode ser Dorra cantando trechos de uma canção cigana.*)

Diante dos monólogos seguintes, não é Dorra que fala, mas sua memória e sua experiência da vida. A cada nacionalidade ela entra no papel desses "homens dos Bálcãs" que repetem desde sempre os mesmos clichês, os mesmos lugares-comuns e os mesmos preconceitos sobre seus outros "irmãos dos Bálcãs" de outra nacionalidade.

(*No papel de um "homem dos Bálcãs".*) Os ciganos, eu gosto bastante deles, não tenho nada contra eles. Vamos lá, cigano, cante aí alguma coisa, não, os ciganos são simpáticos, isso já vem de longe, eles têm ao mesmo tempo algo de misterioso e de alegre... *Mas*, no entanto, são uns ladrões, a gente tem que desconfiar, eles roubam cavalos, carneiros, galinhas, crianças, pensando bem, chega a ser demais, e, para completar, agora deram para roubar até nosso folclore sagrado, nossas mais belas canções que agora saem em CDs no Ocidente e são eles que ganham os milhões de dólares...

(*O mesmo jogo. Música albanesa.*)

(*No papel de outro "homem dos Bálcãs".*) Os albaneses, os pobres, eu adoro eles, tive um colega albanês de Kosovo na faculdade, ele era quieto, discreto, econômico, ele se tornou chefe de promoção, os albaneses são simpáticos, sobretudo aqueles do norte que são católicos; não, os albaneses, não tenho nada contra eles, são talvez o povo mais velho dos Bálcãs... *Mas* na Europa de hoje, temos de reconhecer que eles são, no entanto, os últimos da classe, Enver Hodja jogou-os numa roubada federal, felizmente mandamos comida para lá, foram os fregueses de todo mundo, fregueses dos iugoslavos, dos soviéticos e, dos chineses, para em seguida se irritar com todo mundo e agora são todos irredentistas, só pensam em se reincorporar ao Kosovo, como se com isso conseguissem sair da enrascada em que se meteram...

(*Elas brindam.*)

Saúde!

KATE: *Cheers!* [Saúde!]

Música búlgara. Dorra, cada vez mais desinibida, estala os dedos, canta.

DORRA (*no papel de outro "homem dos Bálcãs" que fala dos seus "irmãos dos Bálcãs"*): Os búlgaros, oh, os búlgaros tudo bem, são bons jardineiros, minha mãe só comprava seus legumes de vendedores búlgaros; você viu os pepinos em conserva que eles têm, e o iogurte, não é qualquer coisa, não, o iogurte búlgaro é imbatível, aquele gosto búlgaro, e as rosas, isso é então realmente inacreditável, sua geleia de pétalas de rosa, você nunca provou nada igual, é incrivelmente bom, eu gosto mesmo dos búlgaros… *Mas* não se pode esquecer que, mesmo assim, são uns frustrados, foram eles que desencadearam a guerra balcânica de 1913, eles queriam ter um país maior do que precisavam, esses búlgaros, eles queriam ter toda a Macedônia para fazer plantação de seus pepininhos e ainda hoje eles dizem que os macedônios são búlgaros, eles bulgarizaram os nomes de todos os turcos que moravam com eles, é isso aí, os búlgaros, com eles tudo anda somente se a gente os coloca no seu devido lugar.… Saúde!

KATE: *Cheers!* [Saúde!]

(*Elas brindam e se beijam. Dorra retoma o jogo. Música turca. Kate enche os copos e participa cada vez mais do jogo.*)

Isso é turco!

DORRA: Sim, é turco.

KATE: Então, aos turcos.

DORRA (*no papel de um outro "homem dos Bálcãs"*): Os turcos, eu, eu respeito os turcos, continuam sendo uma força, um pé na Ásia, um pé na Europa, os turcos, isso continua incontornável, fui a Istambul, é muito louco o que você encontra lá, continua um grande império, os turcos, aliás, é com eles que agora fazemos negócio, já que os franceses, os italianos e os ingleses estão muito longe, demora muito tempo para chegarem até nós. Não, os turcos, eles são muito trabalhadores, você viu quantos estão na Alemanha e todos trabalham, tem quatro milhões de desempregados na Alemanha, mas todos os turcos que estão lá acharam trabalho, de verdade; faz alguns meses, um turco abriu uma padaria ao lado da minha casa; agora, como pão turco; é bom, os turcos, eles voltarão pouco a pouco aos Bálcãs, você vai ver, eu mesmo não tenho amigos turcos e mesmo assim eu os respeito... *Mas* não gosto que eles tomem o lugar de nossos padeiros. Pode ser loucura minha, mas vão acabar dizendo que a gente não sabe mais fazer pão e agora eles chegam para nos mostrar como se faz pão, aí eu já não gosto disso, que eles voltem pra cá com seus fornos elétricos que eles compraram no Ocidente com nosso dinheiro, pois não se pode negar que foram eles que nos roubaram durante quatro séculos ou mesmo cinco... E, para piorar ainda mais, nem europeus eles são, os turcos, mas já foram recebidos na Aliança Atlântica e você vai ver que eles vão acabar entrando antes de nós na União Europeia.

(*Elas brindam e bebem. Música judia.*)

KATE: Esses são...

DORRA: Os judeus...

KATE: Ah! Então... Gosto bastante dos judeus...

DORRA: Gosto muito dos judeus, tive vizinhos judeus...

KATE: Quando eu era criança, eu brincava com as crianças judias do bairro...

DORRA (*o mesmo jogo*): É isso aí... Eu acho até uma pena que os judeus pouco a pouco tenham ido embora do nosso país. Na minha cidade natal, entre as duas guerras, tinham cinco mil judeus, cinco mil alemães, e nós éramos somente quatro mil. Você pode imaginar? Eu acho que estava bom daquele jeito mesmo, os judeus, eles eram todos ou comerciantes, ou intelectuais. Meu professor de história na escola, era judeu, o dentista em que minha mãe me levava era judeu, quando comecei a ter aulas de violão, a senhora que dava aula era judia. E, depois, quase todos foram para a Palestina. Não, os judeus são gente muito boa e, além do mais, onde eles se estabelecem a economia floresce...

KATE: Mas...

DORRA: É isso aí, você aprende rápido... *Mas* não se pode, entretanto, esquecer que eles crucificaram Nosso Senhor Jesus Cristo. E, de todo modo, assim que viram que o comunismo não dava mais no Leste, que lá se vivia cada vez pior, partiram em massa, apesar do fato de terem a nacionalidade... *Cheers!* [Saúde!]

KATE: Saúde!

(*Mesmo jogo. Música sérvia.*)

Então, continuando...

DORRA: Os sérvios...

KATE: Os sérvios, gosto bastante dos sérvios...

DORRA: Aliás, minha mulher é sérvia, entre os eslavos dos Bálcãs, os sérvios são os mais antissociais, eles têm aquela alma de primeira hora, aquele lado selvagem que faz tremer a história, os sérvios, eles têm um charme louco, pois eles são infelizes por natureza, é aliás por isso que eles são uns festeiros inveterados e revoltados inveterados, pois é ancestral a tristeza que eles carregam em suas entranhas, ah!, os sérvios, eles têm sim o sangue quente, isso dá brilho à pele; os sérvios, eles devem estar sempre em movimento. Sempre agitados, te juro, minha mulher é sérvia, os sérvios, eles são belos em seu delírio sem fim...

KATE: Mas...

DORRA: *Mas*, no entanto, às vezes, eles exageram; para dizer a verdade, eles exageram o tempo todo, eles não têm limites. Os sérvios são nacionalistas puro-sangue, são verdadeiros loucos, eles só pensam no seu império perdido do século XIV, no seu Etienne Douchan, aliás, a partir daí, não fizeram grande coisa, criadores de porcos que sonham agora com a Grande Sérvia, eu, hein, os sérvios, estou completamente cheio, aliás, minha ex-mulher, que era sérvia, me deixou por um filho da puta de um sérvio, por um filho da puta de um desclassificado de sua própria raça.

(*As mulheres se abraçam, comem, bebem. O jogo continua. Música croata.*)

KATE (*com a boca cheia*): Esses são...

DORRA (*com a boca cheia*): Os croatas...

KATE: Os croatas, gosto bastante dos croatas...

DORRA: É bonito lá, é limpo, é impressionante, você viu a catedral que eles têm em Zagreb. Os croatas, logo se vê que eles são católicos, logo se vê que eles frequentaram a civilização latina, a latinidade, o papa, o espírito de Veneza; os croatas, esses têm a alma fina, afinada, são como o mar Adriático, eles têm abertura, veem longe e, afinal, são eslavos ocidentalizados; fizeram muito bem de jogar para o alto os caracteres cirílicos e começar a escrever com os caracteres latinos, isso fez com que dessem um salto de cem anos à frente; não, os croatas, eu os conheço muito bem, são nossos irmão gêmeos.

KATE (*comendo com a boca cheia*): Mas...

DORRA: ... *Mas* você sabe, ninguém vai bater em você com mais crueldade que seu próprio irmão, é sempre assim, os croatas, eles batem nas suas costas, eles traem o tempo todo, você viu o que eles fizeram em 41, todos passaram para o lado dos nazistas, todos, enfim, todos menos Tito; é isso aí os croatas, são todos *ustasha*[2] e, mesmo agora, eles se bandearam para o

---

[2] Os *ustaše* (no singular *ustaša*, por vezes escrito *ustashe* ou *ustasha*) foram uma organização croata de extrema-direita colocada no poder no Estado Independente da Croácia pelas potências do Eixo, em 1941. Praticaram políticas fascistas e foram expulsos pelos *partisans* comunistas iugoslavos e pelo Exército Vermelho em 1945. A Ustase foi fundada em 1929, como um movimento político nacionalista que praticava o terrorismo. A palavra *ustaše* é plural de *ustaša* e descreve uma pessoa que participa de um *ustanak* (levante, em croata). Os *ustaše* tinham como objetivo estabelecer uma Croácia pura do ponto de vista étnico: assim sendo, pessoas de origem sérvia e bósnia eram seu principal alvo. Sobre essa forma de limpeza étnica, os ministros Mile Budak, Mirko Puk e Milovan Žanić declararam, em maio de 1941, que as três principais metas *ustaše* eram: converter um terço dos sérvios ao catolicismo; exterminar um terço dos sérvios residentes na Croácia; expulsar/deportar o terço restante. (N. E.)

lado dos alemães, é essa sua verdadeira pátria, oh, os croatas... À nossa!

KATE: À nossa!

(*Música grega. Dorra dança sentada.*)

Ah, essa aí eu conheço, é grega.

DORRA (*dançando*): Os gregos...

KATE: Os gregos, ah, adoro os gregos...

DORRA: Com os gregos a gente pode realmente extravasar...

KATE: Você vê como eles tocam o *sirtaki*?

DORRA: Eles são malucos, os gregos, são bonitos, os gregos, o grego, assim que se torna seu amigo, ele te dá tudo, deixaram muitos traços na história, os gregos, pode-se dizer que lançaram as bases da civilização...

KATE: Mas...

DORRA (*para de dançar*): *Mas*, você sabe, os gregos de hoje não têm nada a ver com os antigos, os gregos de hoje, eles se creem descendentes diretos de Péricles, ah, isso é uma piada, você viu o estilo da guarda nacional...

KATE: É folclore!

DORRA: Ah, os gregos, esses fanariotas, essa nação de vendedores sem escrúpulos, agora constroem suas estradas com o dinheiro da União Europeia...

KATE (*abrindo uma garrafa de champanhe*): Ah, não!

DORRA: Ah, sim!

(*O barulho seco da rolha que salta. As meninas bebem champanhe. O jogo continua. A música húngara. O álcool sobe pouco a pouco à cabeça.*)

KATE: Os...

DORRA: Os húngaros...

KATE: Ah, sim! Gosto bastante dos húngaros...

DORRA: São muito originais, os húngaros, você viu a língua que eles falam?

KATE: Não se parece absolutamente com nada.

DORRA: Você não compreende uma só palavra, não é latim...

KATE: Não é eslavo...

DORRA: Não é grego...

KATE: Não é turco!

DORRA: Não é alemão...

KATE: É húngaro!

DORRA: É isso aí, os húngaros não se parecem com ninguém, são uns rebeldes, são uns dominadores, você viu como eles ousaram se revoltar em 56 contra Moscou? É louco, eles queriam explodir o comunismo sem deixar rastro desde 56, tiveram uma audácia danada esses húngaros, e eles pagaram caro e, apesar de tudo, você viu depois, eles viveram, depois de tudo, melhor do que nós, mesmo sob Kadar, mais liberdade, mais lojinhas, prova de que o grande irmão soviético tinha mais respeito pelo irmãozinho húngaro do que pelos outros irmãozinhos; é isso aí, os húngaros, historicamente viris.

KATE: Mas...

DORRA: ... *Mas* são aproveitadores também, megalomaníacos também, lacaios dos austríacos, o que que eles pensavam, esses húngaros, que seu império dividido, que seu império austro-húngaro iria durar mil anos? Foi por sua arrogância imperial que se perderam, foi a desproporção, foi...

(*O mesmo jogo. Música romena.*)

KATE: Ah, não! Isso não acaba nunca.

DORRA: Você sabe, somos muito numerosos nos Bálcãs... Os romenos...

KATE (*ela representa o cansaço*): Gosto muito dos romenos...

DORRA: É o único povo latino na região; você viu quando eles falam, parecem até franceses, e entre as duas guerras, em Bucareste, você sabe como ela era chamada, era chamada de pequena Paris, gosto muito dos romenos e, além de tudo, eles são numerosos, e os romenos, é louco o sucesso que fazem as prostitutas romenas na Turquia, mesmo as nossas, agora, começaram a aprender o romeno para passar por romenas em Istambul, gosto bastante dos romenos...

KATE: Mas...

DORRA: ... *Mas* são um pouco fatalistas demais, também, e verdadeiros cata-ventos, sempre do lado dos vencedores, e mesmo sua língua é repleta de palavras eslavas, e, além do mais, eles dizem que não são balcânicos, que os Bálcãs acabam no Danúbio, mas nada mais balcânico do que os romenos, isso eu garanto...

KATE (*interrompendo Dorra para acelerar o jogo*): Os muçulmanos...

DORRA: Os muçulmanos da Bósnia? Eles sofreram muito, essas pessoas. Bem que mereciam um país. Você viu como eles resistiram em Sarajevo?

KATE: Muito bem!

DORRA: Eles têm raça, esses muçulmanos. Eu gosto bastante deles, os muçulmanos da Bósnia...

KATE: Mas...

DORRA: ... *Mas*, infelizmente, não se pode nunca esquecer que eles são, por sua origem, eslavos islamizados.

KATE: Resumindo, uns traidores!

DORRA: De fato, ninguém sabe direito como se referir a eles. No século passado eram chamados de "turcos". E, em seguida, teve Tito, que teve aquela ideia de inventar uma nacionalidade muçulmana, que não existe em nenhum lugar do mundo. Aliás, na época a Arábia Saudita protestou...

KATE (*eufórica, vitoriosa*): Os negros...

DORRA: Quem?!

KATE: Os negros...

DORRA: Não há negros nos Bálcãs...

KATE: Sim, mas...

DORRA: Mas...

KATE: Mas o *mas*... ele está em toda parte... Você acredita que o *mas* balcânico é somente usado nos Bálcãs? Não, minha fofa, aí você está redondamente enganada... Você tem que vir um dia no meu país para escutar a música do *mas balcânico* à la americana... Os negros são simpáticos; os negros, gosto muito dos negros, é louco como a música corre nas suas veias, os negros, inventaram o *blues*, os negros, inventaram o *gospel*, são grandes boxeadores, os negros...

DORRA: Gosto bastante dos negros...

KATE: Mas...

DORRA: Mas...

KATE: Mas...

DORRA: Mas...

KATE: Mas o problema é que têm um *black problem*.

DORRA: Uma questão "negra"...

KATE: Pois eles não são como a gente...

DORRA (*ela representa a garota que compreende rápido*): Porque eles são negros!

KATE: Não... É preciso ser politicamente correto... Porque eles são pessoas de cor... Eles têm pouca cultura... E cheiram mal... E são violentos... E são baderneiros... São bagunceiros e só dão problema... E são traficantes... É isso aí... E não tem só *the fucking bloody niggers* [os negros nojentos] que nos perturbam... Não... Tem também...

DORRA (*cada vez mais bêbada*): Os índios...

KATE: É isso aí, os índios...

DORRA: Como eles são bonitos...

KATE: ... Com suas plumas, é tão decorativo...

DORRA: Mas...

KATE: Mas...

DORRA: Mas...

KATE: Mas ficam melhores depois de mortos, um bom índio é um índio morto, *a good Indian is a dead one*...

DORRA: *Shiiit*...

KATE: Siiim... *Yeah* [Sim]... E tem também os mexicanos...

DORRA: Mas não nos Bálcãããs...

KATE: Mas...

DORRA e **KATE:** ... Há os Bálcãs que estão por todo lado...

DORRA: Então, os mexicanos, gosto bastante dos mexicanos...

KATE: Eles são simpáticos, os mexicanos...

DORRA: Eles têm aqueles chapelões...

KATE: Os sombreros...

DORRA: E os ponchos...

KATE: E as guitarras...

DORRA: Mas...

KATE: Mas...

DORRA: Mas...

KATE: Mas eles todos querem vir para o meu país *the bloody fucking Mexicans* [esses mexicanos de merda], vão para os Estados Unidos, esses merdas desses mexicanos, todos os dias, todos os dias tem milhares de *bloody fucking Mexicans* que atravessam a fronteira para trabalhar ilegalmente no meu país... *Oh! Goodness!* [Oh! Santa paciência!]

DORRA: E tem também os porto-riquenhos...

KATE: Ah! Sim, é mesmo, os porto-riquenhos...

DORRA: Gosto bastante dos porto-riquenhos...

KATE: Mas...

DORRA: Mas...

KATE (*ela representa o racista enfurecido, dá socos na mesa*): Os porto-riquenhos, estou de saco cheio, quero que eles sumam do mapa!

DORRA: Tem também os...

KATE: Os...

DORRA: Os... astecas...

KATE: Ah, gosto muito dos astecas...

DORRA: São simpáticos, os astecas...

KATE: Sim, mas...

DORRA: Mas...

KATE: Mas...

DORRA: Mas eles são astecas e pronto!

KATE: Ah! Sim! Ah, sim, merda, eu já ia esquecendo... São astecas...

DORRA: Como aliás os ...

KATE: Os... patagônios...

DORRA: Os patagônios, sim...

KATE: Os patagônios... São simpáticos os patagônios...

DORRA: Mas...

KATE: Mas...

DORRA e **KATE:** Eles são patagônios! Merda!

(*Toca um rock. Elas dançam [eventualmente um rock'n'roll].*)

21

KATE: Para abrir uma vala comum, há técnicas. Então, fiz um treinamento sobre escavação de vala comum. Uma vala comum, não se pode escavá-la de qualquer jeito. A escavação de uma vala comum é, antes de tudo, um ato jurídico. O inspetor de vala comum está em posição de poder descobrir, em primeira mão, um assassinato. O inspetor de vala comum está em posição daquele que deve, ao mesmo tempo, resgatar o corpo da vítima (melhor dizendo, das vítimas) e não tocar em nada. Se o inspetor de vala comum não estiver perfeitamente treinado para esse ofício, corre o risco de se tornar um leitor que veria os vestígios de um assassinato se apagarem no instante mesmo de seu deciframento.

O inspetor de vala comum descobre, ao mesmo tempo, o cadáver da vítima e, muito frequentemente, o corpo de delito do crime; por exemplo, as balas, se a vítima foi morta por balas. Mas todos os objetos que cercam a vítima, na vala comum, têm um valor jurídico, pois eles podem servir à reconstituição do crime e do contexto no qual o crime foi cometido. Como consequência, a responsabilidade do inspetor é enorme. Ele não deve, em hipótese alguma, separar o cadáver dos seus objetos pessoais que poderiam auxiliar na identificação da vítima. O inspetor deve inventariar absolutamente tudo, até o mais mínimo detalhe, sem estragar o material encontrado.

A escavação de uma vala comum se faz por etapas. Primeiro se faz a prospecção do terreno, a identificação de uma possível vala comum. Segue-se a especificação das camadas de terra e o reconhecimento do movimento das camadas que cobrem os cadáveres. Em função da natureza dessas camadas, de sua composição (terra, areia, pedras, cascalho de cimento, etc.), escolhem-se as ferramentas adequadas para a escavação. A terceira etapa é a escavação propriamente dita. A quarta etapa é a conservação do material desenterrado. A quinta etapa é a interpretação.

Todo esse trabalho se faz em equipe. Em cada equipe há um topógrafo, um arqueólogo, um médico-legista, um procurador, especialistas militares para a reconstituição do contexto militar no qual as vítimas foram mortas ou executadas e um psicólogo. O psicólogo deve trabalhar para que os outros não fiquem devastados durante a operação. Assim que percebe que um membro da equipe não está mais em estado de continuar o trabalho, ele deve intervir para afastá-lo do lugar, para avaliar seu estado emocional e para aconselhá-lo a interromper a escavação por um tempo.

Foi assim que cheguei na Bósnia. Para fazer esse trabalho de psicólogo com as equipes de escavadores de vala comum. E me tornei uma escavadora de vala comum. Eu, Kate McNoil, 35 anos, graduada pela Universidade de Harvard, especialista em neurose obsessiva e em tratamento psicanalítico, *doctor honoris causa*, autora de uma tese de doutorado de 770 páginas sobre Freud e o conceito do narcisismo primário, casada e mãe de duas filhas, eu, Kate McNoil, devia ter vergonha, pois já faz seis meses que não vejo minha família nem tenho muito tempo para pensar neles porque na minha vida há agora uma outra urgência: escavar, escavar, escavar valas comuns da Bósnia, em nome dos Estados Unidos, dos Aliados, da civilização ocidental, da ONU, da justiça, da verdade, da memória e do futuro. É pesado carregar tudo isso nos ombros, Kate McNoil, mas você não poderá jamais reencontrar sua tranquilidade se você não compreender *por quê*.

22

Dorra aperta a campainha. Toca várias vezes, cada vez mais desesperada. Kate chega.

DORRA: Quero abortar!

KATE: Sim, claro, Dorra.

DORRA: Imediatamente...

KATE: Sim, claro, Dorra.

DORRA: Agora.

KATE: Como você quiser... (*Pausa.*) Mas precisa esperar um pouco.

DORRA: Não quero esperar. Me sinto suja. Me sinto suja com esse feto dentro de mim.

KATE: Sim.

DORRA: Kate, não quero que ele comece a mexer.

KATE: Ele não vai mexer.

DORRA: Ele já está mexendo! Eu sinto. (*Pausa. Dorra*

com o olhar perdido.) Sinto como ele cresce. Eu não quero... Quero ficar livre disso...

KATE: Vamos fazer isso daqui a um mês...

DORRA: Kate...

KATE: Sim.

DORRA: Quero beber alguma coisa.

KATE: Claro, Dorra.

DORRA: Alguma coisa forte.

KATE: Claro.

DORRA: Vodka.

KATE: Claro.

(*Kate sai.*)

23

Dorra, seu ventre bem redondo, em plena crise de angústia, em sua cama. Ela treme, ela se agita, ela transpira, etc. Kate está em sua cabeceira. Tudo o que ela fala é mais uma terapia do que uma confissão, então o tom não é um tom normal. Kate fala sem parar e tenta reconfortar Dorra, que quase nem escuta ou talvez não escute nada do que lhe dizem.

KATE: Me diga, vovô, o que é a América? A América é um monte de pedras construídas na vertical.

(*Para Dorra.*) Preciso te contar como meu avô nos contava a história de sua chegada aos Estados Unidos. Isso se repetia duas ou três vezes por ano, quando toda a família se reunia para o Natal, o Ano-Novo ou a Páscoa.

Me diga, vovô, como o senhor chegou na América? Tomamos um grande navio. Grande assim? Não, maior ainda. Do tamanho dessa sala? Não, maior ainda. Como a casa, o jardim e o galinheiro? Do tamanho da rua inteira. Não acredito em você. Olha aqui, olhe esse navio. (*Ela tira uma foto antiga.*) Desse tipo aqui, ali na terceira ponte, sou eu. E aqui, sua avó. E aqui é o seu pai. Mas não é possível, ele é menor do que eu. Na época, ele era, é verdade, menor que você. E esse aqui? É seu tio John. E aqui é seu tio Simon. E aqui é o seu tio Williams. E aqui sua tia Mary. E aqui sua tia Elizabeth. E aqui sua avó, que morreu no ano passado. E eu, por que não estou aí? Você, você nasceu depois disso. E o navio? O navio, como ele é? O navio também é feito de pedra? Não, minha gatinha, o navio não é feito de pedra.

DORRA (*num tipo de delírio*): Não! Não! Não!

KATE: No dia em que desembarcou na América, meu avô se tornou pedreiro. As pedras nunca lhe perdoaram. As pedras de suas terras, as pedras que ele recolheu e as outras que ele ainda não tinha recolhido perseguiram-no até os Estados Unidos. Aliás, ele sempre acreditou que as pedras da Irlanda e as pedras da América haviam combinado para persegui-lo pela vida toda.

(*Pausa.*)

DORRA: Aquela criança não tem pai.

KATE: Tem, sim.

DORRA: Aquela criança não tem nome.

KATE: Tem sim. Ela terá o seu nome.

DORRA: Ela nunca será meu filho. Eu não a quis. Ninguém a quis. Essa criança não tem nem pai nem mãe. Ela não existe, Kate!

KATE: Existe sim! Ela está crescendo dentro de você. E você é a mãe.

DORRA: E o pai? Quem será o pai? Se ela um dia me perguntar quem é seu pai, o que é que eu lhe digo? O pai é quem?

KATE: A guerra. Seu pai é a guerra.

DORRA: Nunca poderia lhe dizer isso. Como dizer isso a uma criança? Como dizer isso a um filho, você sabe, "meu queridinho, seu pai, é a guerra". Ele nunca vai entender.

KATE: Um dia ele vai compreender. (*Pausa.*) Mas preciso lhe contar como ele se tornou pedreiro, meu avô. (*Ela imita a voz do avô.*) Primeiro, somos largados em Ellis Island. E, logo de cara, passávamos pelo departamento de imigração. Ali eu sabia que precisava estar limpo e dar a impressão de estar em forma. Como a gente era irlandês e falávamos bem inglês, eles nos aceitaram imediatamente. Em seguida, pegamos o barco para Manhattan. E, assim que pus os pés ali, vi um cara que agitava um cartaz: Construtora Woolworth – Precisa-se de bons pedreiros.

Nunca tinha sido pedreiro. Tudo o que eu queria era encontrar um pedaço de terra sem pedra, em algum lugar do Oeste, e trabalhar na minha terra com minha família.

DORRA: Não! Não! Não!

KATE: Mas eu só tinha dez dólares no bolso. E olhei para minha mulher, meus cinco filhos, que não sabiam onde iríamos dormir aquela noite, e então decidi tentar minha sorte. Foi a primeira oferta de trabalho que encontrei na América e fiquei com medo de não ter uma segunda chance rapidamente. Aproximei-me do tipo e lhe disse: gosto bastante de pedras.

I like stones.

E ele me perguntou: "Você já talhou pedras?".

Have you ever cut stones?

E eu disse "sim". E aí ele me perguntou: "Onde?".

In my garden, respondi. No meu jardim. E o tipo considerou a resposta satisfatória e me ofereceu trabalho por cinquenta centavos a hora. E então olhei atrás de mim e vi que havia uma fila de umas vinte pessoas, de homens que queriam talhar pedras. E falei "Tudo bem". E talhei pedras durante trinta anos, para todos os arranha-céus de Nova York. Trabalhei para o Edifício Woolworth, que levantamos até 240 metros. E em seguida teve o Edifício Walter Chrysler, que, com seus 380 metros, ultrapassou o Woolworth Building, e teve depois o Empire State Building, com seus 380 metros, e teve o Edifício Irving Trust Compagny e o Rockefeller Center e assim por diante... Talhei milhares de pedras para os assoalhos, para os tetos, para as decorações, para as colunas, para os arcos, para as escadas, para as balaustradas, para os terraços... Foi isso o que eu fiz. Durante trinta anos, coloquei na vertical as pedras que eu havia recolhido na Irlanda na horizontal.

(*Pausa.*)

DORRA: Kate!

KATE: Sim?

DORRA: Ele mexeu!

KATE: Tem certeza?

DORRA: Ele me acordou.

KATE: Muito bem. Fico aqui com você.

DORRA: Ele come demais! Está sempre com fome. Tem fome todo o tempo, esse animalzinho. Ele me rói, me devora por dentro, estou escutando ele me mastigar...

KATE: Estou aqui e vou ficar com você.

DORRA: Escuto ele crescendo... Ele escala minhas entranhas... Está doendo... Não estou suportando mais ele... Ele está me dando enjoo... Temos que tirar ele daqui, Kate.

KATE: É muito cedo.

DORRA: Estou com frio! Ele me esfria. Ele é frio como um réptil e me esfria. Estou tremendo. Não consigo dormir. Estou inchada como um barril... ele precisa de cada vez mais espaço... Não aguento mais...

KATE: Durma, estou aqui...

(*Pausa. Dorra num sono agitado. Kate fala baixinho.*)

Quando perguntavam onde ele trabalhava, meu pai respondia com um ar misterioso: para um serviço de urgência do maior banco de órgãos da costa leste dos Estados Unidos. Isso queria dizer que ele podia ser acordado, por exemplo, às duas horas da madrugada para transportar com urgência um rim para Springfield ou para Worcester ou a Fall River ou para qualquer cidade de Massachusetts. Tinha dias que ele chegava só para tomar café da manhã com a gente. Então, papai, o que que você transportou essa noite? Entreguei um coração, dizia meu pai, com o olhar perdido. Era muito raro meu pai ter a oportunidade de dormir oito horas seguidas. Em geral, depois de cada "entrega", ele podia contar com duas ou três horas de tranquilidade. E ele dormia imediatamente, com o telefone na cabeceira. Durante toda minha infância, só o vi dormir, partir correndo ou chegar e ir direto para a mesa para comer o que minha mãe lhe preparava.

Então, meu pai, o que você transportou essa noite? Transportei um doador. Um doador era, em geral, alguém esmagado na estrada ou em qualquer outro lugar e um de seus órgãos seria rapidamente enxertado em outro infeliz que não tinha um pulmão, um pâncreas ou um fígado. O doador era ou morto ou moribundo, e a qualidade do órgão que passava ao "receptor" dependia da rapidez com a qual os dois infelizes eram reunidos na mesma sala de operação. Tinha dias que meu pai transportava também "receptores". Eu o salvei, dizia meu pai no café da manhã e o seu rosto me lembrava o do padre depois da pregação de domingo. Mas tinha também, umas duas ou três vezes por ano, noites ou dias calmos. Meu pai olhava então o céu e dizia: "Hoje a noite vai ser calma". Queria dizer que aquela noite ninguém ia precisar, em nenhum lugar, nem de um transplante de pele, nem de um transplante de olho, nem de um coração, nem de um rim, nem de sangue, nem de medula óssea...

Mas como é que você sabe, papai, que essa noite vai ser calma?

Eu sinto, dizia meu pai olhando para fora, para a escuridão, como se um mensageiro misterioso lhe confirmasse por sinais que aquela noite tudo ia ficar bem.

(*Dorra acorda bruscamente.*)

DORRA: Eu o vi!

KATE: Como assim, você o viu?

DORRA: Na escuridão.

KATE: Quando?

DORRA: Agora mesmo. Ele estava curvado sobre mim.

KATE: E parecia com o quê?

DORRA: Ele não tinha rosto.

KATE: Não tinha rosto?

DORRA: Não, somente uma...

KATE: Uma...

DORRA: Uma boca... Ele era só uma boca enorme...

KATE: Durma, Dorra, estou aqui...

24

Dorra sozinha, no escuro.

DORRA: *Eu estou aqui...* Quem é você? *Sou eu.* Quem? *Eu.* Eu não te vejo. *Vê, sim.* O que é que você quer? Vá embora! *Estou com fome.* E daí? *Você tem que me dar de comer.* Você já comeu toda a minha carne. O que é que você ainda quer que eu te dê para comer? *Você tem que me dar de comer.* Já te dei todo o meu sangue. O que é que você ainda quer comer? *Estou com fome. Você é minha mãe. Você tem que me dar de comer.* Não sou sua mãe. Não queria ser sua mãe. Nunca serei sua mãe. Você não tem mãe. *Tenho, sim. Minha mãe é você. Você tem que me dar de comer.* Não tenho mais nada. Não tem mais nada para comer dentro de mim. Estou vazia. Minha alma esta vazia também, até ela. *Se você não me der mais nada de comer, vou gritar.* Grita! Quero escutar seus gritos.

(*Escuta-se um grito horrível. É o grito de uma mulher no momento do estupro.*)

Não! Não! Para!

(*Escutam-se os gritos.*)

Não! Não! Pelo amor de Deus! Parem! Parem! (*São

talvez as palavras da mulher no momento do estupro.)
Não! Socorro! Socorro! Socorro! Parem! Me matem! Me matem!

(*Pausa. Alguns segundos de silêncio.*)

Então? Parem! Parem! *Mas eu parei. Então?* O que é que você quer? *Mas eu já lhe disse. Quero que você me dê de comer. Ou você me dá de comer ou eu grito outra vez.* Não, por favor, não recomece. Vou lhe dar de comer. Vou lhe dar de comer...

25

Dorra sentada na cama, inclinada sobre uma bandeja de comida. Devora um café da manhã completo. Come chorando. Mastiga com o olhar perdido, a boca cheia demais, restos de geleia e de manteiga escorrem da boca para o queixo.

DORRA: *Eu estou aqui...* Quem é você? *Sou eu.* Quem? *Eu.* Não sei quem é você. *Para com esse teatro. Você sabe muito bem quem eu sou.* Não, eu não sei quem você é. Não conheço você. Você não existe. *Existo sim. E você é que vai me pôr no mundo.* Não, eu não vou pôr você no mundo. *Vai sim, você tem a obrigação de me pôr no mundo.* Não, não tenho obrigação de pôr você no mundo. *Você não tem escolha. Você é minha mãe. E uma mãe deve pôr seu filho no mundo.* Você não tem o direito de ser posto no mundo. Você é filho da guerra. Você não tem pais. Você nasceu da barbárie. Você é filho da barbárie. *Escuta, se você não me puser no mundo eu vou gritar.*

(*Um grito horrível da mulher violada. Kate entra.*)

KATE: Estou aqui.

DORRA: Não quero dar à luz.

KATE: Dorra...

DORRA: Não quero pôr ninguém no mundo... Ele me pede para colocá-lo no mundo, mas eu não quero... Por que ele grita desse jeito? Fala pra ele parar de gritar assim.

KATE: Dorra, se você não quer esse filho, dê ele pra mim.

DORRA: Está bem, eu dou pra você.

KATE: Está bem, eu o quero.

DORRA: Mas pegue-o já.

KATE: Não posso pegá-lo imediatamente. Mas se você o puser no mundo e depois me der, eu fico com ele na hora.

DORRA: Não, tem que ser agora. Se você o quer, é para pegar agora.

KATE: Está bem, vou pegá-lo. (*Deita-se ao lado de Dorra e a toma em seus braços.*) Vamos, vamos dormir.

26

Kate, no seu quarto. Fuma. Seu rosto está um pouco desfigurado. Quase não se reconhece Kate. Na mesa, aberto, seu diário.

KATE: Se você estiver numa floresta perto de Srebrenica e encontrar, numa clareira, espalhados por dez metros quadrados, na relva, os seguintes objetos:

Duzentos e quarenta e sete cartuchos.

Um dínamo de bicicleta.

Uma chupeta.

Um capacete das Nações Unidas com as letras UN quase totalmente apagadas.

Pedaços de maca.

Três maços de cigarros RONHIL.

Onze latas vazias de cerveja croata.

Um despertador quebrado.

Um tubo de creme dental amassado.

Um arame farpado com um comprimento de 3,5 metros.

Uma coronha de fuzil.

Um saco plástico cheio de batatas podres.

Uma camiseta na qual está escrito ELVIS.

Um cinto militar de couro todo manchado, de onde foram retiradas as alças que serviam para pendurar as granadas de mão.

Um cartão postal com a imagem da Torre Eiffel, com algumas linhas ilegíveis escritas no verso.

Então, se você estiver numa floresta perto de Srebrenica e encontrar tudo isso na relva, tem uma chance em duas de você estar nas proximidades de uma vala comum.

Dorra entra. Seu ventre está muito mais arredondado que da última vez.

DORRA (*sem olhar Kate*): E foi assim que você pirou.

KATE: Sim, foi assim que eu pirei.

DORRA: Mas ninguém nunca soube.

KATE: Não, porque eu era a psicóloga da equipe.

DORRA: Foi depois da décima vala comum aberta.

KATE: Depois da sétima.

DORRA: Você não aguentou mais ver os números de inventário que se colocava em cada cadáver desenterrado.

KATE: Não.

DORRA: Você não aguentava mais escutar as picaretas, as pás, os pincéis que batiam, cavavam, rangiam, varriam.

KATE: Não.

DORRA: E a conservação do "material desenterrado", o que quer dizer, de fato, o tratamento dos cadáveres, que depende do seu estado de decomposição, isso também você não conseguia mais suportar.

KATE: Não.

DORRA: E todo o treinamento de escavação de cadáveres que você fez, você começava a se envergonhar de tudo aquilo.

KATE: Sim.

DORRA: Por exemplo, aquela regra básica do escavador: é preciso que a escavação seja feita com limpeza e varrer com frequência é a maior garantia de uma boa observação no decorrer de uma busca...

KATE (*fumando, quase chorando*): Sim.

DORRA (*aproxima-se de Kate e a toma pelos ombros*): E então você pediu para ser transferida para outro lugar. Por exemplo...

KATE: Sim.

DORRA (*que olha para o diário aberto de Kate, o qual já leu e é isso que deve ser entendido*): Por exemplo, aqui, para aplicar um novo método, o método catártico, na psicoterapia das mulheres violadas da Bósnia.

(*Kate permanece paralisada, os olhos (talvez) molhados de lágrimas. Dora a abraça.*)

27

Dorra sozinha, na escuridão.

DORRA: *Eu estou aqui.* O que é que você quer? O que é que você quer mais? Já lhe dei comida. O que mais você quer? *Não sei.* Não quero mais escutá-lo. Já lhe dei de comer. Agora, cale-se. *Não posso ficar quieto, estou com medo.* Cale-se. Me deixe em paz. Preciso descansar. *Sim, mas... estou com medo.* Quero dormir. Não consigo mais escutá-lo. Quero descansar. *Queria que você me acariciasse um pouco.* Não posso acariciar você. Não. Não posso. Já lhe dei comida, já basta. *Não, quero que você me acaricie um pouco, estou com medo e quero que você me acaricie um pouco.* Não posso acariciá-lo. Não sei como acariciar. E eu também estou com medo. *Se você não me acariciar, vou berrar...*

28

Dorra sozinha.

DORRA: Por que você quer essa criança. Kate? Você é louca? Você já tem dois filhos. Que são seus. Você tem um marido. Tem uma família. Sua vida está em outro lugar. Por que você insiste em continuar por aqui? Você não é responsável. Não é culpada. Você nem nasceu aqui. Você é americana. Não nasceu na Europa. Você nasceu nos Estados Unidos. Você tem raízes na Irlanda, é uma ilha. E é longe da Europa. É quase outra coisa que a Europa. E, de todo modo, não é você que deve representar o papel da América que faz *mea culpa*. Você não é uma representante do governo americano. Você não é o presidente dos Estados Unidos. Você não é uma enviada especial do subconsciente culpado dos Estados Unidos.

(*Pausa. Kate entra.*)

Por que você quer esse filho, Kate?

KATE: Porque quero.

DORRA: Você não pode mais ter filhos?

KATE: Posso, claro.

DORRA: Então é porque você gosta de criança?

KATE: É, eu gosto de criança.

(*Pausa.*)

DORRA: Por que você quer essa criança, Kate?

KATE: Não sei.

DORRA: Você é louca, Kate.

KATE: Não sou.

DORRA: Você quer esse filho para suas experiências freudianas?

KATE: Não.

DORRA: Tem certeza?

KATE: Não.

DORRA: Não tente representar o papel de subconsciente culpado dos Estados Unidos.

KATE: Não.

DORRA: Então por que você quer esse filho, Kate?

KATE: Porque quero.

DORRA: Não vou lhe dar esse filho, Kate.

KATE: Por quê?

DORRA: Não vou dar essa criança aos Estados Unidos.

KATE: Eu não sou dos Estados Unidos. Eu não sou uma representante do governo americano. Eu não sou o presidente dos Estados Unidos, tenho raízes na Irlanda!

DORRA: Prefiro mil vezes vê-lo morto do que entregá-lo aos Estados Unidos.

KATE (*quase à beira de uma crise nervosa*): Eu quero esse filho e pronto! Depois de todos aqueles cadáveres que eu desenterrei aqui, tenho o direito de voltar para casa com essa criança!

DORRA: Pare com isso, Kate, você nunca o terá.

KATE (*serena, com o olhar perdido*): Seu ventre é uma vala comum, Dorra. Quando penso no seu ventre, vejo uma vala comum cheia de cadáveres, ressecados ou inchados ou putrefatos... E, nessa vala comum, tem alguém que se mexe... Um ser... No meio dos mortos, tem um ser... Que pede para ser resgatado dali... Eu não vou deixar você matar essa criança, Dorra. Vim até o seu país para aprender a abrir uma vala comum. E, cada vez que eu abria uma vala comum, eu abria com uma ingênua esperança de ainda encontrar algum sobrevivente... Essa criança é um sobrevivente, Dorra. E temos que salvá-la, temos que tirá-la daí... É isso... Simples assim... Temos que tirá-la da vala comum...

(*Barulho de um avião prestes a decolar.*)

Ela fala para Dorra, mas ela não se dirige diretamente a Dorra; estamos num momento de intervalo da ação.

Como lhe dizer, Dorra, que a natureza tem medo do vazio? Que as leis da natureza não têm nada a ver com as pulsões da barbárie humana? Veja só, seu filho é um menino. Como sempre, depois da guerra, nascem mais meninos que meninas. A natureza, Dorra, zomba dos canalhas. Ela continua sua obra apesar deles. E sua obra permanece, como sempre, misteriosa e cheia de beleza.

Vou partir em breve, Dorra. Vou voltar para meus filhos.

29

KATE (*uma carta na mão*)**:** Senhor comandante em chefe. Envio-lhe, como o senhor me pediu, o relatório de minhas atividades nesses catorze últimos meses na Bósnia.

Recordo brevemente que fui membro da missão de avaliação de necessidades médicas na Croácia e na Bósnia, que em seguida fiz parte de uma das equipes encarregadas de identificar as valas comuns na região de Krajna e de Srebrenica, e que a meu pedido fui transferida mais tarde a um centro médico da Nato na Alemanha.

Confirmo que a partir do 1º de abril gostaria de voltar ao meu trabalho na clínica de psiquiatria de Boston, Massachusetts.

Agradecendo a compreensão,

Kate McNoil.

(*Pausa.*)

DORRA (*fala para Kate, mas ela não se dirige diretamente a Kate; estamos num momento de intervalo* *na ação)*: Como lhe dizer, Kate, que eu odeio o meu país? Que não tenho mais país? Que não quero nunca mais voltar para lá. Que não tenho mais Deus. Que tudo que eu quero é me afastar desse lugar maldito, do lugar da barbárie... Não quero mais rever minha casa... Pois não tenho mais casa. Não quero nem saber se os meus parentes ainda vivem. Mesmo depois do fim da guerra, o lugar continuará sendo maldito por muito tempo ainda. Será assombrado pelo ódio, pelos gritos das vítimas e pela vergonha. Durante anos e anos. As pessoas ali viverão quebrando a cabeça para compreender como tudo aquilo foi possível. Não cessarão mais de se colocar eternamente as mesmas questões: quem começou? Quem foi o mais malvado? Como puderam, todos ou um de cada vez, descer tão baixo...

(*Pausa.*)

(*Para ela mesma.*) Como explicar para você, Kate, que eu odeio o meu país?

KATE: Não se pode odiar o próprio país.

DORRA: Como explicar para você que eu não tenho mais pátria?

KATE: Todos nós nascemos em algum lugar da terra.

DORRA: Como explicar para você que não quero mais voltar onde eu nasci?

KATE: Um dia você vai fazê-lo.

DORRA: Meu país não tem mais Deus. Foi meu povo que o matou.

KATE: Você vai sentir a necessidade de acreditar de novo.

DORRA: Como explicar para você que tudo que eu quero é me afastar desse lugar maldito, do lugar do horror?

KATE: Um dia você vai querer rever sua casa.

DORRA: Não tenho mais casa.

KATE: Um dia você vai querer saber se alguns dos seus ainda vivem.

DORRA: Não tem ninguém mais vivo no meu coração.

KATE: Seu país tem uma imagem. Você a levará para sempre dentro de você.

DORRA: Você quer saber qual é a imagem do meu país que levo comigo? Você quer saber? Meu país tem a imagem de um jovem soldado que acaba de matar pela primeira vez. Ele vomita ao lado do homem que ele cortou a garganta e que está agonizando.

Meu país tem a imagem de Radovan Karadzic, o chefe político dos sérvios bosníacos, criminoso de guerra, mas também poeta, que, em pleno cerco de Sarajevo, foi convidado a Moscou para receber um prêmio de poesia.

Meu país parece uma mãe que recebe uma carta assim: "Saiba que acabamos de matar o seu filho. Se você quer seu cadáver para enterrá-lo como se deve, o preço é de três mil dólares".

Meu país é esse pai que confecciona todos os dias uma boneca para sua filha de sete anos morta há 346 dias.

Meu país é um grupo de prisioneiros que a gente se apressa a executar e que a gente os obriga a cavar, eles próprios, a fossa comum onde serão enterrados. E enquanto cavam topam com uma outra vala comum, onde jazem os soldados da Segunda Guerra Mundial.

Meu país é uma mulher que, aterrorizada pelo medo, começa a sangrar abundantemente no momento mesmo em que seu estuprador começa a tirar sua blusa. Enojado, ele a cobre de insultos e a deixa partir.

Meu país é um velho camponês, veterano da Primeira e da Segunda Guerra Mundial, que não compreende mais nada. Assim que vê soldados entrando em seu vilarejo, pergunta: são ainda os alemães?

Meu país é um velho refugiado muçulmano que chega totalmente exaurido num vilarejo grego ortodoxo. Antes de morrer, ele explica em duas palavras aos habitantes do lugar como se enterram os muçulmanos.

Meu país tem a imagem de um dos insultos mais disseminados: Deus meu de merda!

Meu país é esse bairro residencial de Vukovar rebatizado de AVENIDA DOS TANQUES QUEIMADOS.

Meu país é esta inscrição que se via por toda parte em Sarajevo: *PAZI!! SNAJPER*. CUIDADO SNIPERS! [franco-atiradores]. E sempre em Sarajevo: a sopa popular oferecida pela Cruz Vermelha, esse era o gosto do meu país.

Meu país tem mais precisamente a imagem desse mercado na Bósnia, chamado Mercado Arizona, onde se vendem filhas para jogá-las na prostituição no

Ocidente. Elas são vendidas num leilão, pagas em dólares, mas às vezes em maços de cigarros.

Ou então esse grafite atribuído aos capacetes azuis holandeses: "Ela é desdentada, tem bigode e cheira a merda? É uma garota bosníaca".

Esse é meu país, é essa nota de um especialista que procura os desaparecidos: "Temos o caso de uma vítima cujas pernas foram encontradas numa vala comum, a cabeça em outra e o resto do corpo ainda em outro lugar".

Ou, então, meu país é esta inscrição numa árvore, em Sarajevo: *HELLO! AINDA ESTOU VIVA.*

Ou, então, era a série Santa Bárbara que ninguém queria perder em Mostar apesar do fato de que a cidade estava cercada de um lado pelos sérvios e de outro pelos croatas.

É isso o meu país, é uma mãe que não pode fazer seu luto, pois o cadáver do seu filho morto em Srebrenica ainda não foi identificado. Finalmente, ela enterra uma de suas camisas para poder chorar à vontade sobre a tumba.

Ou então meu país é um cachorro jogado vivo num poço no meio de um vilarejo queimado e abandonado. Antes de morrer, o cachorro ainda tem forças para uivar durante três dias.

30

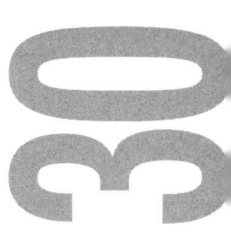

Dorra escreve uma carta.

DORRA: Cara Kate,

Não sei muito bem o que vou fazer agora. Fiz pedidos de imigração junto a embaixadas de vários países: o Canadá, a Austrália, a África do Sul.

Os Estados Unidos, eu não quero.

Meu bebê está bem. Está pesando seis quilos.

Quando você me telefonou da última vez, você queria saber em que momento eu tinha verdadeiramente tomado a decisão de ficar com ele.

Vou contar para você o momento exato.

Um dia, depois de sua partida, saí para passear às margens do lago. Eu passeava e olhava a água e as árvores... E, de repente, vi um anúncio colocado na árvore, que muito chamou a minha atenção. Me aproximei e li o seguinte texto: INFORMAMOS QUE ESTA ÁRVORE ESTÁ MORTA. ELA SERÁ CORTADA NA SEMANA DO DIA 2 A 8 DE ABRIL. EM SEU LUGAR SERÁ PLANTADA IMEDIATAMENTE, PARA SUA

ALEGRIA E FELICIDADE, UMA ÁRVORE NOVA.

Assinado: Serviço de Parques e Jardins.

Li esse texto uma vez, duas vezes, várias vezes. E foi então que decidi ficar com meu filho.

Um abraço.

DORRA.

NOTA DO AUTOR: Esta peça, inspirada em um drama bosníaco, permanece uma obra de ficção. O autor consultou, entretanto, uma vasta bibliografia sobre os Bálcãs e usou alguns testemunhos verdadeiros (revelados principalmente pela imprensa e pela Agência France-Presse) para construir a cena da escavação das valas comuns e para descrever a "imagem" do país de Dorra. Nessa última cena, por exemplo, o autor se inspirou, sobretudo, em certos testemunhos perturbadores publicados por Velibor Čolić no seu livro *Chronique des Oubliés* [Crônica dos Esquecidos], publicado em 1994 pela editora La Digitale e em seguida reeditado pela Serpent à Plumes.

> DADOS INTERNACIONAIS DE CATALOGAÇÃO NA PUBLICAÇÃO (CIP)
> (CÂMARA BRASILEIRA DO LIVRO, SP, BRASIL)
>
> Visniec, Matéi
>   Paparazzi seguida de A mulher como campo de batalha /
> Matéi Visniec; tradução Luiza Jatobá. – São Paulo:
> É Realizações, 2012. –
> (Biblioteca teatral - Coleção dramaturgia)
>
>   Título original: Paparazzi suivi de La femme comme champ
> de bataille.
>   ISBN 978-85-8033-110-3
>
>   1. Teatro francês (Escritores romenos) I. Título. II. Título:
> A mulher como campo de batalha. III. Série.
>
> 12-11470   CDD-842
>
> ÍNDICES PARA CATÁLOGO SISTEMÁTICO:
>   1. Teatro : Literatura francesa   842

Este livro foi impresso pela Gráfica Vida & Consciência para É Realizações, em outubro de 2012. Os tipos usados são da família Sabon LT Std e Helvética Neue. O papel do miolo é alta alvura 90g, e o da capa, cartão supremo 250g.